全国中等职业学校
课程改革新教材

Xinnengyuan Qiche Weixiu
新能源汽车维修

主　　　编　刘新江　何陶华
副 主 编　黄仕利　冯太刚　李继红
丛书总主审　朱　军

人民交通出版社股份有限公司
北京

内 容 提 要

本书是全国中等职业学校课程改革新教材之一,主要内容包括:新能源汽车认识与操作、新能源汽车高压安全防护、动力蓄电池及管理系统检修、驱动电机及控制系统检修和充电系统检修。

本书为中等职业学校汽车运用与维修专业、新能源汽车运用与维修专业、汽车商务专业的教材,也可供汽车维修企业和汽车配件经营企业管理人员及相关技术人员参考阅读。

图书在版编目(CIP)数据

新能源汽车维修/刘新江,何陶华主编. —北京:
人民交通出版社股份有限公司,2020.9
ISBN 978-7-114-16755-3

Ⅰ.①新… Ⅱ.①刘… ②何… Ⅲ.①新能源—汽车—车辆修理—中等专业学校—教材 Ⅳ.①U469.707

中国版本图书馆 CIP 数据核字(2020)第 140937 号

书　　　名:	新能源汽车维修
著　作　者:	刘新江　何陶华
责任编辑:	戴慧莉
责任校对:	刘　芹
责任印制:	刘高彤
出版发行:	人民交通出版社股份有限公司
地　　　址:	(100011)北京市朝阳区安定门外外馆斜街 3 号
网　　　址:	http://www.ccpcl.com.cn
销售电话:	(010)59757973
总 经 销:	人民交通出版社股份有限公司发行部
经　　　销:	各地新华书店
印　　　刷:	北京市密东印刷有限公司
开　　　本:	787×1092　1/16
印　　　张:	7.75
字　　　数:	189 千
版　　　次:	2020 年 9 月　第 1 版
印　　　次:	2020 年 9 月　第 1 次印刷
书　　　号:	ISBN 978-7-114-16755-3
定　　　价:	22.00 元

(有印刷、装订质量问题的图书由本公司负责调换)

全国中等职业学校汽车运用与维修专业课程改革新教材编委会

（排名不分先后）

主　　　任：王永莲(四川交通运输职业学校)　　王德平[贵阳市交通(技工)学校]
副　主　任：韦生健(成都汽车职业技术学校)　　陈晓科(郴州工业交通学校)
　　　　　　张扬群(重庆市渝北职业教育中心)　刘高全(四川科华高级技工学校)
　　　　　　蒋红梅(重庆立信职业教育中心)　　余波勇(郫县友爱职业技术学校)
　　　　　　姜雪茹(成都市工业职业技术学校)　袁家武[贵阳市交通(技工)学校]
　　　　　　黄　轶(重庆巴南职业教育中心)　　徐　力(成都工程职业技术学校)
　　　　　　张穗宜(宜宾市工业职业技术学校)　刘新江(四川交通运输职业学校)
委　　　员：柏令勇　杨二杰　黄仕利　雷小勇　钟　声　夏宇阳　陈　瑜　袁永东
　　　　　　雍朝康　黄靖淋　何陶华　胡竹娅　税发莲　张瑶瑶
　　　　　　盛　夏(四川交通运输职业学校)
　　　　　　谢可平　王　健　李学友　姚秀驰　王　建　汤　达
　　　　　　侯　勇[贵阳市交通(技工)学校]
　　　　　　王丛明　陈凯镔(成都市工业职业技术学校)
　　　　　　韩　超(成都工程职业技术学校)
　　　　　　向　阳　秦政义　曾重荣(成都汽车职业技术学校)
　　　　　　袁　亮　陈淑芬　李　磊(郴州工业交通学校)
　　　　　　向朝贵　丁　全(郫县友爱职业技术学校)
　　　　　　石光成　李朝东(重庆巴南职业教育中心)
　　　　　　唐守均(重庆市渝北职业教育中心)
　　　　　　夏　坤(重庆立信职业教育中心)
　　　　　　周　健　向　平(四川科华高级技工学校)
　　　　　　伍鸿平(宜宾市工业职业技术学校)
丛书总主审：朱　军
秘　　　书：戴慧莉

前言

本套"全国中等职业学校课程改革新教材",自2010年首次出版以来,多次重印,被全国多所中等职业院校选为汽车运用与维修专业教学用书,受到了广大师生的好评。2012年根据教学需求,本套教材进行了修订,使之在结构和内容上与教学内容更加吻合,更注重对学生实践能力的培养。

为了体现现代职业教育理念,贴近汽车运用与维修专业实际教学目标,促进"教、学、做"更好地结合,突出对学生技能的培养,使之成为技能型人才,2018年8月,人民交通出版社股份有限公司吸收教材使用院校的意见和建议,组织相关教师,经过充分认真研究和讨论,确定了修订方案,再次对本套教材进行了修订。

《新能源汽车维修》是在本套教材再版时新增加的品种。本教材注重职业教育的特色,将国家职业标准、职业技能等级标准融入教学内容,教材基于工作过程安排教学内容,注重操作实践,基本理论以应用为目的,以"必需、够用"为度,注重对学生学习能力、创新能力的培养,具体体现在以下几个方面:

(1)将国家职业标准、"1+X证书制度"职业技能等级标准有机融入教材内容,推进书证融通、课证融通;

(2)以具体工作任务为载体,基于工作过程设计、安排教学内容和教学环节,实现工学结合、理实一体;

(3)遵循学生认知规律,将学习任务进行系统化处理,学习任务设计由简至繁,利于学生的学习和掌握;

(4)紧随新能源汽车技术发展,教学内容辅以知识拓展丰富课堂教学,培养学生学习能力和创新能力。

本书由四川交通运输职业学校的刘新江、何陶华担任主编,四川交通运输职业学校的黄仕利、冯太刚和四川水利水电技师学院的李继红担任副主编,四川交通运输职业学校的王杨、杨超和成都工业职业技术学院的周亭亭参加编写。

限于编者水平,书中难免有疏漏和错误之处,恳请广大读者提出宝贵建议,以便进一步修改和完善。

全国中等职业学校汽车运用与维修专业
课程改革新教材编委会
2020 年 2 月

目　录

项目一　新能源汽车认识与操作 ·· 1
　任务一　新能源汽车结构认识 ·· 1
　任务二　新能源汽车安全操作 ··· 10
项目二　新能源汽车高压安全防护 ·· 19
　任务一　人身电伤危害与触电急救 ·· 19
　任务二　新能源汽车检修高压安全防护 ·· 27
项目三　动力蓄电池及管理系统检修 ·· 37
　任务一　动力蓄电池系统模组的拆卸与更换 ······································ 37
　任务二　动力蓄电池组的检测与维修 ·· 52
项目四　驱动电机及控制系统检修 ·· 69
　任务一　驱动电机拆装与检测 ··· 69
　任务二　电机控制系统故障检修 ··· 83
项目五　充电系统检修 ·· 93
　任务一　快充系统的检修 ··· 93
　任务二　慢充系统的检修 ·· 104
参考文献 ·· 115

项目一　新能源汽车认识与操作

本项目的主要内容为新能源汽车结构认识和新能源汽车操作使用,分为两个任务。
任务一　新能源汽车结构认识
任务二　新能源汽车安全操作
通过两个任务的学习,在教师的指导下,小组合作,参照维修手册内容认识新能源汽车零部件的名称及安装位置,规范驾驶新能源汽车,能按要求规范给新能源汽车充电。

任务一　新能源汽车结构认识

学习目标
知识目标
1. 能说出新能源汽车的定义;
2. 能说出新能源汽车的主要类型及特点。
能力目标
1. 能识别不同类型的新能源汽车;
2. 能识别新能源汽车的主要部件。
建议课时
4 课时

 任务描述

作为一名汽车专业人员,你需要为客户介绍新能源汽车,讲解新能源汽车的结构和性能特征,分析新能源汽车与传统汽车的区别。

 信息收集

1. 新能源汽车定义

新能源又称非常规能源,是指传统能源之外的各种能源形式。也指刚开始开发利用或正在积极研究、有待推广的能源,如太阳能、地热能、风能、海洋能、生物质能和核聚变能等。

我国 2009 年 7 月 1 日正式实施了《新能源汽车生产企业及产品准入管理规则》。《规则》明确指出:新能源汽车是指采用非常规的车用燃料(即除汽油发动机、柴油发动机之外)作为动力来源(或使用常规的车用燃料、采用新型车载动力装置),综合车辆的动力控制和驱动方面的先进技术,形成的技术原理先进、具有新技术、新结构的汽车。

2. 新能源汽车的类型

根据新能源汽车的定义,不同的学者和专家对新能源汽车有不同的见解和解析,对新能源汽车有不同的分类。

根据《新能源汽车生产企业及产品准入管理规则》的规定,新能源汽车包括混合动力电动汽车(HEV,Hybrid Electric Vehicle)、纯电动汽车(BEV,Battery Electric Vehicle)、燃料电池电动汽车(FCEV,Fuel Cells Electric Vehicle)、天然气汽车以及其他新能源(如高效储能器、二甲醚)汽车等各类别产品。

(1)混合动力电动汽车。

混合动力电动汽车是指能够至少从下述两类车载储存的能量中获得动力的汽车:可消耗的燃料;可再充电能/能量储存装置。

混合动力电动汽车主要由内燃机、内燃机控制器、驱动电机、电机控制器、整车控制器、传动装置、燃油箱和动力蓄电池组成。系统布置如图1-1所示。

图1-1 混合动力汽车系统布置

混合动力汽车的驱动系统主要有内燃机和驱动电机。其按照驱动连接方式可分为三类:串联式混合动力系统、并联式混合动力系统和混联式混合动力系统。

串联式混合动力系统结构形式之一,如图1-2所示。在串联式混合动力系统中,车辆的驱动仅仅是由驱动电机来单独完成的,车辆动力蓄电池的电能来自内燃机。串联式混合动力车辆运行时,内燃机带动发电机工作,发电机输出的电能通过逆变器提供给驱动电机来驱动车辆,或者为车辆动力蓄电池充电。

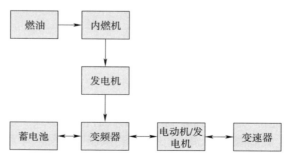

图1-2 串联式混合动力系统

并联式混合动力系统结构形式之一,如图1-3所示。在并联式混合动力系统中,车辆的驱动是由内燃机和驱动电机组合完成的,系统支持其中的一种能量驱动车辆,也支持内燃机和驱动电机同时驱动车辆。在这种系统中,动力蓄电池和内燃机都是与变速单元相连接的。在驱动车辆行驶时,大多数情况下,并联式混合动力汽车的驱动电机是辅助内燃机运行的。并联式混合动力汽车可以在比较复杂的工况下使用,应用范围比较广。

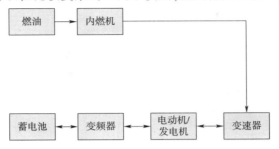

图1-3 并联式混合动力系统

混联式混合动力系统结构形式之一,如图1-4所示。混联式混合动力又称串并联式,其集合了串联式和并联式的优点,可以最大限度地发挥串联式与并联式的各自优点。

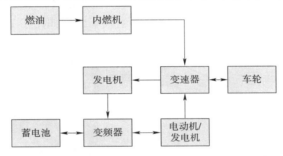

图1-4 混联式混合动力系统

(2)纯电动汽车。

纯电动汽车(图1-5)就是驱动能量完全由电能提供的、由电机驱动的汽车。电机的驱动电能来源于车载可充电储能系统或其他能量储存装置。

①城市纯电动汽车(Urban Electric Vehicle,UEV)。城市纯电动汽车的车速和续航里程都较低,适合于城市短距离交通,主要车型是小型纯电动汽车和城市公交车。

图1-5 纯电动汽车

②全纯电动汽车(All Electric Vehicle,AEV)。全纯电动汽车装有足够容量的动力蓄电池,车速和续航里程基本可满足日常较远距离的行驶要求。

纯电动汽车的结构主要由电力驱动系统、动力蓄电池组、车身、底盘、电子电气设备和充电接口组成,基本结构如图1-6所示。

纯电动汽车完全采用可充电式电池驱动,关键部件在于电动机/发电机与蓄电池。纯电动汽车具有无污染、低噪声、高能效等优点。

(3)燃料电池电动汽车。

燃料电池电动汽车是指以燃料电池系统作为单一动力源或者是以燃料电池系统与可充电储能系统作为混合动力源的电动汽车。

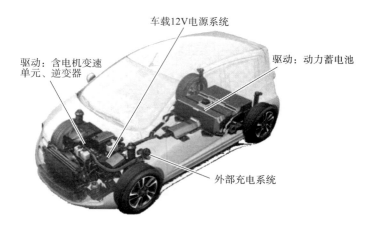

图1-6 纯电动汽车基本结构

燃料电池汽车的结构多种多样,通常按动力源的组成进行分类。燃料电池汽车的动力源通常包括燃料电池系统、蓄电池、超级电容。燃料电池电动汽车主要由燃料电池系统、电机、蓄电池(超级电容)等功能部件组成。燃料电池汽车结构如图1-7所示。

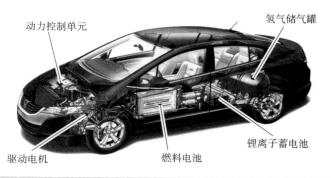

图1-7 燃料电池汽车结构

燃料电池电动汽车实质上是电动汽车的一种,在车身、动力传动系统、控制系统等方面,燃料电池电动汽车与普通电动汽车基本相同,主要区别在于动力蓄电池的工作原理不同。

与内燃机汽车相比,燃料电池电动汽车是通过电池直接将化学能转化为电能,利用电机驱动,而不是利用燃料的燃烧过程。其能量转换效率较内燃机要高2~3倍。燃料电池化学反应过程不会产生污染物,噪声低。

(4)天然气汽车。

天然气汽车是以天然气为燃料的一种气体燃料汽车,又称"蓝色动力"汽车。目前,常用的燃气汽车有压缩天然气汽车(CNGV)、液化天然气汽车(LNGV)、液化石油气汽车(LPGV),它们分别以压缩天然气、液化天然气和液化石油气为燃料。天然气的含量一般在90%以上,是一种很好的汽车发动机燃料。天然气燃料具有低污染、低成本、安全性高的优点,但动力性能较低、不便储运。

(5)其他新能源汽车。

除上述新能源汽车外,还包括应用醇、醚类燃料的新能源汽车。例如乙醇汽车用的燃料是乙醇汽油。

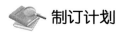 **制订计划**

根据新能源汽车结构认识要求,制订吉利帝豪 EV300 结构认识计划,见表 1-1。

任务实施计划　　　　　　　　　　　表 1-1

序 号	作业项目	操作要点
1	外观标识	标识位置及含义
2	车辆铭牌	铭牌位置及基本信息
3	汽车主要组成部件的识别	位置及结构
4	充电接口	位置及组成

 任务实施

1. 实施准备

任务实施准备内容见表 1-2。

任务实施准备内容　　　　　　　　　　　表 1-2

序 号	项 目	内 容
1	实训环境	新能源汽车维修实训室
2	防护装备	车内外三件套,绝缘防护装备
3	实训车辆	新能源车辆、台架
4	专用工具	绝缘拆装组合工具、举升机等
5	辅助材料	新能源汽车随车手册,维修手册,警示标示等

2. 作业安全

作业安全要求见表 1-3。

作业安全要求　　　　　　　　　　　表 1-3

序 号	内 容
1	实训开始前应摘掉饰品,换上实训服,长头发应挽起固定于脑后
2	整车实训时确保点火开关处于 Lock 位置,操作另有要求除外
3	就车工作时,应施加驻车制动,除非特定操作要求置于其他挡位
4	举升车辆时按照规范进行,避免发生意外事故
5	工具使用后,应清洁并归还原处
6	严格遵守实训室规定的安全注意事项和操作流程

3. 操作步骤

(1) 外观标识读取。

①步骤一:观察车辆外观,查找新能源汽车标识。新能源汽车标识一般在汽车尾部或汽车翼子板上,用于标识汽车的类型和续航里程等信息。

②步骤二:外观标识读取。吉利帝豪 EV300 汽车标识含义为:"EV"代表纯电动;"300"代表综合续航里程达到了 300km;"蓝色"代表新能源。

不少汽车的尾部或者翼子板上都贴有"HYBRID"或"PHEV"标识(图 1-8),"HYBRID"

标识全称为"Hybrid Electric Vehicle",表示该车为不插电的混合动力汽车;"PHEV"是"Plug-in Hybrid Electric Vehicle"的缩写,直译就是插电式混合动力汽车。

图 1-8　新能源汽车标识

(2) 车辆铭牌识读。

① 步骤一:观察车辆,查找车辆铭牌。车辆铭牌置于车辆前部易于观察的地方,一般位于发动机舱盖下面和副驾驶席 B 柱。

② 步骤二:车辆铭牌识读。车辆铭牌是标明车辆基本特征的标牌,主要包括厂牌、型号、发动机功率、总质量、载质量或载客人数、出厂编号、出厂日期及厂名等。图 1-9 所示为吉利帝豪 EV300 车辆铭牌。

图 1-9　吉利帝豪 EV300 车辆铭牌

(3) 汽车主要组成部件的识别。

① 发动机舱组成部件识别。

a. 步骤一:车辆防护。安装车轮挡块、车内外三件套,确认换挡杆置于空挡,驻车制动器操纵杆拉起。打开发动机舱盖,安装车外三件套。

b. 步骤二:拆除发动机防尘罩。

c. 步骤三:发动机舱组成部件识别。

图 1-10 所示为吉利帝豪 EV300 发动机舱组成及各部件名称。

图 1-10　吉利帝豪 EV300 发动机舱组要部件

② 动力蓄电池系统识别。

a. 步骤一:举升车辆,查找动力蓄电池箱体(图 1-11)。动力蓄电池箱体一般安装在车体下部,主要保护动力蓄电池免受损坏。

b. 步骤二:动力蓄电池系统结构认识。动力蓄电池系统主要由动力蓄电池箱体、动力蓄电池组、电池管理系统、电池控制器、检修开关以及辅助器件组成,如图1-12所示。

③驱动电机系统识别。

驱动电机系统主要由驱动电机、驱动电机控制器等组成,通过高低压线束、冷却管路与整车其他系统的电气和散热部件连接。

图1-11 动力蓄电池箱体

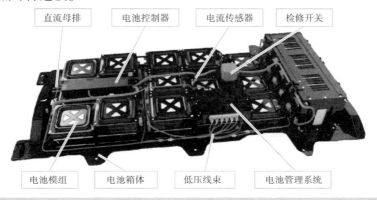

图1-12 动力蓄电池系统

a. 步骤一:举升车辆,拆除护板。

b. 步骤二:驱动电机识别。帝豪EV300搭载的一台永磁同步电机,额定功率为42kW、峰值功率为95kW、水冷散热、防护级别为IP67,如图1-13所示。

图1-13 帝豪EV300永磁同步电机

(4)充电接口识别。

①步骤一:打开车辆充电接口。

②步骤二:充电接口识别。

当动力蓄电池组电量不足时,需要通过外接电源给动力蓄电池组充电。图1-14所示为帝豪EV300的外接充电接口。帝豪EV300能够在60kW公共快充桩实现45min内电量从0%充至80%,使用10kW快充盒4.5h内充满。同时还可使用3.3kW家用慢充盒和1.8kW随车应急充电线,五种充电模式使帝豪EV300充起电来方便高效。

图1-14 帝豪EV300快慢充接口

评价与反馈

评价反馈表见表1-4。

评 价 反 馈 表　　　　　　　　表1-4

项　　目	评 价 标 准	评价结果★★★★★	
		自评	互评
接收任务	明确工作任务,理解任务在企业工作中的重要程度		
信息收集	掌握工作相关知识及操作要点		
制订计划	(1)按照学习任务要求,制订合适的实施计划; (2)能协同小组人员安排任务分工		
任务实施	(1)能在实施前准备好所需要的工具器材及安全准备; (2)完成新能源汽车的结构认识实施计划; (3)完成实训室新能源汽车的结构认知		
团队协作	团队成员积极参与,任务完成高效快捷		
沟通表达	(1)团队之间交流充分,各抒己见; (2)任务展示表述准确清晰		
职业素养	(1)未出现设备损坏和人员受伤; (2)5S管理规范; (3)行为举止文明有序		
自我反思与改进			
教师总评			

知识拓展

对于所有的汽车来说,"牌照"就相当于它们的身份证,证明它们是一名"合法公民"。新能源汽车号牌以绿色为主色调,寓意"绿色环保"。同时增加了专用标识,应用了新的防伪技术和制作工艺,既可实现区分管理、便于识别,又彰显新能源特色、技术创新。

1. 新能源汽车号牌样式

新能源汽车专用号牌分为小型新能源汽车专用号牌和大型新能源汽车专用号牌(表1-5)。新能源汽车专用号牌的外廓尺寸为480mm×140mm,其中小型新能源汽车专用号牌为渐变绿色,大型新能源汽车专用号牌为黄绿双拼色。新能源汽车号牌主要有以下特点。

(1)增设专用标志。新能源汽车号牌增加专用标志,标志整体以绿色为底色,寓意电动、新能源,绿色圆圈中右侧为电插头图案,左侧彩色部分与英文字母"E"(electric 电)相似。

(2)号牌号码升位。与普通汽车号牌相比,新能源汽车专用号牌号码增加了1位,如原

"粤 B·D1234"升位至"粤 B·D12345"。升位后,号码编排更加科学合理,避免了与普通汽车号牌重号,有利于在车辆高速行驶时更准确辨识。

(3)改进制作工艺。新能源汽车专用号牌采用无污染的烫印制作方式,制作工艺绿色环保。同时,使用二维条码、防伪底纹暗记、激光图案等防伪技术,提高了防伪性能。

新能源汽车号牌　　　　　　　　　　　　　　　　　表1-5

号牌样式		项　目	说　明
小型新能源汽车	粤B·D12345 粤B·F12345	尺寸	480mm×140mm
		底样	渐变绿色
		专用标志	⌇
大型新能源汽车	粤B·12345D 粤B·12345F	尺寸	480mm×140mm
		底样	黄绿双拼色
		专用标志	⌇

2. 新能源号牌编码规则

新能源汽车专用号牌的编码规则是省份简称(1位汉字)+发牌机关代号(1位字母)+序号(6位)。小型新能源汽车专用号牌的第一位先启用字母 D、F(D 代表纯电动新能源汽车,F 代表非纯电动新能源汽车),第二位可以使用字母或者数字,后四位必须使用数字,如图1-15所示。大型新能源汽车专用号牌的第六位先启用字母 D、F(D 代表纯电动新能源汽车,F 代表非纯电动新能源汽车),前五位必须使用数字,如图1-16所示。如,深圳市一辆小型纯电动汽车号牌可编排为"粤 B·D12345",大型纯电动汽车号牌可编排为"粤 B·12345D"。序号中英文字母 I 和 O 不能使用。

图1-15　小型新能源汽车专用号牌牌面布局示意图

图1-16 大型新能源汽车专用号牌牌面布局示意图

任务二 新能源汽车安全操作

学习目标

知识目标
1. 能描述新能源汽车的驾驶操作流程；
2. 能说出新能源汽车驾驶注意事项；
3. 能描述电动汽车的充电方式和流程。

能力目标
1. 能识读纯电动汽车仪表；
2. 会规范完成新能源汽车的驾驶操作；
3. 会正确给新能源汽车充电。

建议课时
4课时

 任务描述

一辆新能源汽车，事故修复后需要去试车。你作为汽车维修工，知道怎样操作新能源汽车吗？

 信息收集

在新能源汽车应用范围和数量越发广泛的今天，新能源汽车的节能也越来越重要，新能源汽车正确操作不但可以延长车辆的使用寿命，确保行车安全的同时大大提高了经济效益。

1. 新能源汽车仪表

相对于传统汽车仪表，电动汽车仪表的改变主要是将发动机转速表改为电动机转速表，将油量表改为电量指示表,另外增加了一个电动机的功率表。图 1-17 所示为纯电动汽车仪表。

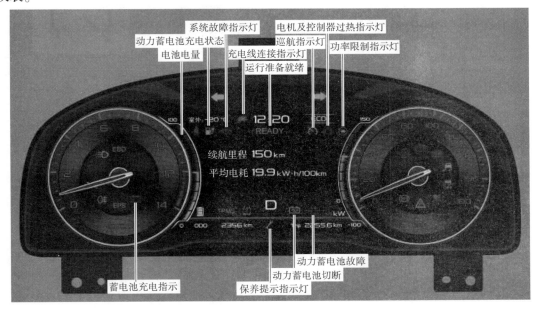

图 1-17 纯电动汽车仪表

纯电动汽车起动后,汽车电控单元就会根据传感器发给电控单元的数据,对系统进行自检。如果有系统不正常,电控单元就点亮仪表上相应的故障灯,提醒驾驶员及时进行维修处理,以免故障恶化。同时,故障灯对于专业的维修技师来说,可以作为对故障进行初步判断的依据。纯电动汽车常见的故障指示灯及含义见表 1-6。

纯电动汽车常见的故障指示灯　　　　表 1-6

故障灯	含义	故障原因及处理
	动力系统故障	报动力系统故障时,大部分情况下汽车能行驶,少部分情况因为汽车挂不上 D 挡或者挂不上 D 挡而不能行驶。故障可能为电池、电动机控制器、驱动电机故障等,需进一步诊断排除
	电量不足	电量不足,需及时充电
	高压断开故障	车辆不能上高压点,不能起动。电池包内部的接触器或者配电箱内的接触器已经自动断开,高压系统发生了严重故障。需专业人员进行诊断维修

续上表

故障灯	含义	故障原因及处理
	动力蓄电池内部故障	大部分情况下整车高压断开,车辆无法行驶。少数情况车辆可以缓慢行驶,但不能加速。导致这个故障的原因一般是电池包内部单体故障,电池包被撞,电池包内部线路接触不良。需专业人员进行诊断维修
	电池包漏电	车辆不能起动,整车高压被切断输出。需专业人员进行诊断维修
	电池包高温	电池包高温,导致车辆不能充电或者不能行驶,极有可能是电池冷却水泵不工作,需进一步诊断排除
	电动机温度过高	电动机温度高,车辆可以行驶,部分品牌的电动车在电机温度报警时会限制车速,导致无法加速。故障的原因一般是冷却水泵不工作或电机温度传感器信号异常导致,需进一步诊断排除

2. 新能源汽车驾驶

(1)车辆起步。将钥匙转到"ON"挡,检查仪表上无故障灯点亮,电量表指示不在仪表红区。踩下制动踏板,并将换挡杆置于空挡位置。将钥匙转到"START"挡松开,仪表上"READY"指示灯点亮,车辆进入可行驶状态,如图1-18所示。

图1-18 仪表上"REDAY"指示灯点亮

换挡杆置于P挡或者N挡才能驱动驱动电机,换入所需要挡位后,松开制动踏板缓慢踩下加速踏板,汽车准备起步时,电子驻车制动将自动释放以辅助起步。

①驶前确保驻车制动器操纵杆完全松开。

②行车时禁止拉起充电口盖板释放拉手。

(2)停车。车辆停靠后,在松开行车制动踏板并关闭驱动电机前,请一定开启电子驻车制动并将换挡杆置于P挡。在负载比较大或者高速行驶后,建议车辆停止后不要立即拔下点火钥匙,保持READY状态数分钟,这样可以使冷却系统继续工作以降低前舱的温度。温度过高会影响相关部件的使用寿命。

(3)爬行功能。起动驱动电机挂入D挡或者R挡后,关闭电子驻车制动后松开制动踏板,如果不踩加速踏板,车辆会自动缓慢前进或者后退。

（4）坡道行驶。在坡道起步时，为了防止车辆滑溜，可以使用电子驻车制动的辅助起步功能。当您在系好安全带的情况下，踩下行车制动踏板并使用电子驻车制动，挂入所需要的挡位后松开行车制动踏板，踩下加速踏板准备起步时，电子驻车制动将自动释放以辅助起步。

（5）严重功能性故障。如换挡系统出现问题时，仪表显示"EP"，此时驾驶员行车意图将无法传递给电机，车辆将不能行驶。

3. 车辆驾驶注意事项

（1）有效节省电量的驾驶方法。

①避免急加速、急减速或频繁停车。

②保持稳定的行驶速度（最佳经济速度为40km/h）。

③确保有正常的轮胎气压，减少不必要的载重。

④保证良好的车辆使用环境，选择适宜、平坦的路面。超载、超速、使用空调、恶劣环境等会减少续航里程。

（2）行驶时请勿空挡滑行。空挡滑行对车辆安全行驶有一定隐患。

（3）手动挡的车辆，离合器仅在换挡时使用，切勿在半联动状态下行驶。

（4）冬季气温偏低，电池性能会降低，因此，在刚起步时应缓慢加速，行驶1~2km后再慢慢提高行驶速度，这有利于车辆的电池寿命和续航里程。

（5）切勿驾车通过深水区（水深≥100mm）。

4. 新能源汽车的充电

当前市场上使用的混合动力汽车，主要通过不断补充燃油，通过发动机运转，驱动电机发电，从而不断为电池充电，保证汽车有足够电能供应。

纯电动汽车必须依靠外在的充电设备对动力蓄电池进行补充充电，充电方式分为快充充电、慢充充电和更换电池充电三种。

（1）快充充电又称直流充电，此充电方式是在短时间内（2~3h）以较大电流为车辆补充电能，某些车型的快充系统甚至能在30min内将电动汽车的动力蓄电池完全或接近完全充满，配备快充系统的充电桩主要安装在电动汽车充电站，分布在使用较为密集的公共设施、购物中心等地，如图1-19所示。

（2）慢充充电又称交流充电，又可细分为家用交流慢充（图1-20）和交流充电桩慢充。其充电方式是采用以较小电流为车辆补充电能，一般一辆纯电动汽车（普通电池容量）完全放电后通过交流充电桩充满需要8h。

图1-19 快充充电站

图1-20 家用慢充充电

慢充充电的优点在于,充电器和安装成本较低,便于实现车载;可充分利用电力低谷时段进行充电,降低充电成本,保证充电时段电压相对稳定;充电设施体积小可携带,便于车辆在停车场以外的地方充电。

(3)更换电池充电方式。更换电池充电方式,是在蓄电池电量耗尽时,用充满电的电池组更换已经耗尽的电池组。

这种充(换)电方式的优点在于,通过快速更换电池,提高了车辆的使用效率,方便了用户的使用。解决了充电时间长、蓄存电荷量少、电池质量差、续航里程短等问题。

但这种充电方式同时也对电池与电动汽车的标准化、电动汽车的设计改进、充电站的建设和管理以及电池的流通管理等有严格的要求。这种方式要求电动汽车车辆电池组设计标准化、易更换;同时由于电池组快速更换专业化要求高,因而电池组快速更换模式只适用于标准的充电站。

5. 新能源汽车特殊事故处理方法

(1)当车辆发生碰撞、翻车等事故时,检修人员应首先戴绝缘手套,按下高压维修开关。

(2)如果车辆起火,应远离车辆,使用二氧化碳灭火器灭火。

(3)如需切割车辆救人,应先按下高压维修开关,并避开高压电缆;如无法接触高压维修开关,则应戴绝缘手套、穿绝缘鞋等保护措施,进行切割,并避开高压电缆,严禁将车身与电缆同时切割。

(4)车辆抛锚牵引时,必须将车辆前后轮均放置于平板车上进行运输,如图1-21所示。由于拖车或推车时的车轮转动可能(通过电动机)会使高电压系统内产生感应电压并造成车辆损坏或安全事故。

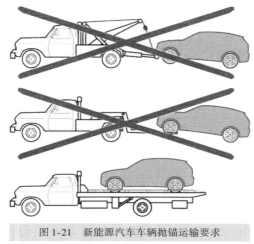

图1-21 新能源汽车车辆抛锚运输要求

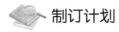

制订计划

根据新能源汽车操作使用要求,制订操作实施计划见表1-7。

操作实施计划　　　　　　　　　　　　　　　　　　　　表1-7

序　号	作业项目	操作要点
1	新能源汽车驾驶操作	操作步骤
2	新能源汽车的充电	充电步骤

任务实施

1. 实施准备

任务实施准备内容见表1-8。

项目一　新能源汽车认识与操作

任务实施准备内容　　　　表1-8

序号	项目	内容
1	实训环境	新能源汽车维修实训室
2	防护装备	车内外三件套,绝缘防护装备
3	实训车辆	新能源车辆、台架
4	专用工具	绝缘拆装组合工具、举升机等
5	专业设备	充电装置
6	辅助材料	新能源汽车随车手册,维修手册,警示标示等

2. 作业安全

作业安全要求见表1-9。

作业安全要求　　　　表1-9

序号	内容
1	实训开始前应摘掉饰品,换上实训服,长头发应挽起固定于脑后
2	整车实训时确保点火开关处于Lock位置,操作另有要求除外
3	就车工作时,应施加驻车制动,除非特定操作要求置于其他挡位
4	举升车辆时按照规范进行,避免发生意外事故
5	工具使用后,应清洁并归还原处
6	充电时与易燃物品保持充足安全距离
7	禁止使用外接插线板插接随车充电设备,必须直接连接在墙壁电气插座上
8	不要使用损坏的充电电缆或插座
9	清洗车辆时严禁充电操作
10	反复出现充电中断情况时,具有相应资质的维修人员才能进行维修
11	严格遵守实训室规定的安全注意事项和操作流程

3. 操作步骤

（1）新能源汽车驾驶操作。

北汽新能源EU5 EV的驾驶操作流程如下。

①步骤一:按下起动按钮,完成全车上电,如图1-22所示。

②步骤二:检查仪表显示,若仪表显示"READY"绿灯,车辆进入可以行驶状态,如图1-23所示。

图1-22　全车上电

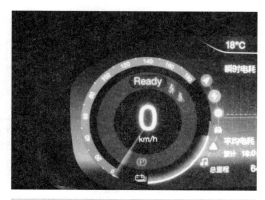

图1-23　"READY"点亮

③步骤三:检查动力蓄电池荷电状态,确保有效行驶里程,如图1-24所示。
④步骤四:踩行车制动踏板,防止起动时车辆突然前冲。
⑤步骤五:换挡杆置于"D"挡,准备行驶,如图1-25所示。

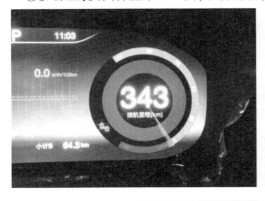 

图1-24　仪表荷电状态　　　　　　　　图1-25　置于"D"挡

⑥步骤六:松开驻车制动器操纵杆,车辆起步前保持有效行车制动器即可。
⑦步骤七:松开行车制动踏板,轻踩加速踏板即可行驶。
⑧步骤八:停车。松开加速踏板,踩住行车制动踏板,等车停稳后将挡位置于N挡,然后直接拉上驻车制动器操纵杆(有电子驻车制动器的则将按钮向上提起),最后按下熄火键。

(2)新能源汽车充电操作如下。

将车辆与交流充电桩的交流充电器相连,实现交流充电。
①步骤一:关闭车辆起动开关。
②步骤二:设置即时充电模式。
③步骤三:打开充电口盖拉索,如图1-26所示。
④步骤四:打开交流充电口盖。连接车辆端交流充电器,如图1-27所示。

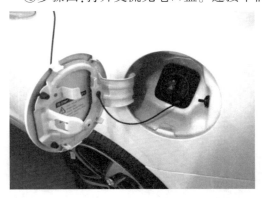 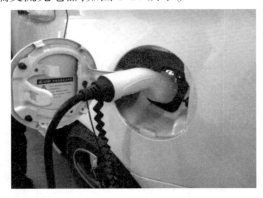

图1-26　打开充电口盖拉索　　　　　　图1-27　连接车辆充电口

⑤步骤五:充电桩设置起动充电,刷卡或手机扫描二维码起动充电,如图1-28所示。
⑥步骤六:观察车辆仪表,应显示正在充电,如图1-29所示。
⑦步骤七:结束充电后,手机或刷卡结算费用。断开交流充电器,按下开关,拔出交流充电器,并将其放在指定位置。
⑧步骤八:关闭充电口盖。

图 1-28 设置充电

图 1-29 仪表充电指示

评价与反馈

评价反馈表见表 1-10。

表 1-10 评 价 反 馈 表

项　目	评 价 标 准	评价结果★★★★★	
		自评	互评
接收任务	明确工作任务,理解任务在企业工作中的重要程度		
信息收集	掌握工作相关知识及操作要点		
制订计划	(1)按照学习任务要求,制订合适的实施计划; (2)能协同小组人员安排任务分工		
任务实施	(1)能在实施前准备好所需要的工具器材及安全准备; (2)完成新能源汽车操作实施计划; (3)完成实训室新能源汽车驾驶操作与充电		
团队协作	团队成员积极参与,任务完成高效快捷		
沟通表达	(1)团队之间交流充分,各抒己见; (2)任务展示表述准确清晰		
职业素养	(1)未出现设备损坏和人员受伤; (2)5S 管理规范; (3)行为举止文明有序		
自我反思 与改进			
教师总评			

知识拓展

　　随着电动汽车的快速增长,必然会对其充电模式的快捷与方便性提出更高的要求。目前,各类电动汽车的充电方式主要以充电站、充电桩或更换电池的模式为主,而充电站或充电桩的建设速度无法满足电动汽车快速增长的需求,成为制约电动汽车发展的最大瓶颈之一。

无线电能传输技术(WPT)作为一项新兴技术,目前已经大规模商业化推广,主要应用于手机、计算机、随身听等小功率设备的充电上,而应用于电动汽车充电大功率无线电能传输技术也成为各大汽车厂商以及科研机构的关注焦点。电动汽车无线充电技术相比于传统接触式传导充电技术,在使用安全性、可靠性、灵活性、适应性等方面具有一定优势,方便应用于在车库、停车场、充电站等场所,可实施电动汽车无人值守智能充电,市场应用前景良好,也将对电动汽车的推广和普及起到重要作用。

电动汽车用无线充电技术主要采用电磁感应式和磁场共振式。电磁感应式无线充电技术,其原理是采用可在供电线圈和受电线圈之间提供电力的电磁感应方式,即将一个受电线圈装置安装在汽车的底盘上,将另一个供电线圈装置安装在地面,当电动汽车驶到供电线圈装置上,受电线圈即可接收到供电线圈的电流,从而对电池进行充电,如图1-30所示。

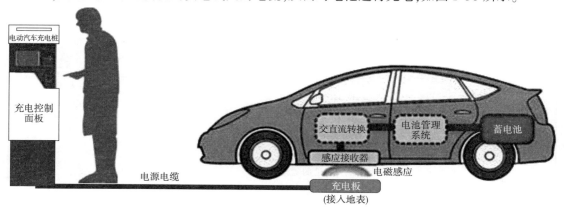

图1-30　新能源电动汽车无线充电

在2005年,比亚迪就已经申请了非接触感应式充电器专利。在2013年,韩国在龟尾市的一条公路上铺设了无线充电设备,使得汽车在行驶的过程中可以进行充电。2017年7月14日,厦门新页科技与武汉普天新能源联合宣布,双方将开展合作,在湖北武汉共同建设国内首个电动汽车无线充电示范站——武汉新页普天充电站。2018年宝马推出的530e iPerformance插电混合动力汽车成为全球第一款搭配无线充电功能的量产车。

科技改变生活,无线充电技术作为便捷的充电方式将会逐渐在电动汽车搭载应用和普及。

项目二　新能源汽车高压安全防护

本项目的主要内容为新能源汽车高压电气系统安全设计、人身电伤危害与触电急救、新能源汽车检修高压安全防护，分为两个任务。

任务一　人身电伤危害与触电急救
任务二　新能源汽车检修高压安全防护

通过两个任务的学习，能按要求完成新能源汽车维修工位防护和人身防护，能正确完成新能源汽车高压断电操作，能够对高压安全事故进行应急处理。

任务一　人身电伤危害与触电急救

学习目标
知识目标
1. 能说出高压对人体的危害；
2. 能描述高压安全事故应急处理流程。
能力目标
1. 能够根据触电情况将触电者脱离电源；
2. 能够对触电伤员进行急救处理；
3. 能够掌握心肺复苏的急救方法。
建议课时
4课时

 任务描述

4S店迎来一辆纯电动汽车，该车仪表显示动力系统故障。你作为维修工作人员，知道电动汽车高压对人体的伤害吗？若发生触电事故，你该怎么处理？

 信息收集

1. 人体安全电压

根据欧姆定律（$I = U/R$）可以得知流经人体电流的大小与外加电压和人体电阻有关。人体电阻除人的自身电阻外，还应附加上人体以外的衣服、鞋、袜等电阻。虽然人体电阻一般可达5000Ω，但是，影响人体电阻的因素很多，如皮肤潮湿出汗、带有导电性粉尘、加大与带电体的接触面积和压力以及衣服、鞋、袜的潮湿油污等情况，均能使人体电阻降低，所以通常流经人体电流的大小是无法事先计算出来的。因此,为确定安全条件,往往不采用安全电流,而是采用安全电压来进行估算。

当人体电阻一定时,人体接触的电压越高,通过人体的电流就越大,对人体的损害也就越严重。但并不是人一接触电源就会对人体产生伤害。在日常生活中我们用手触摸普通干电池的两极,人体并没有任何感觉,这是因为普通干电池的电压较低(直流1.5V)。作用于人体的电压低于一定数值时,在短时间内,电压对人体不会造成严重的伤害事故,我们称这种电压为安全电压。

1983年7月27日发布的《安全电压标准》(GB 3805—1983),对安全电压的定义、等级做了明确的规定:

(1) 为防止触电事故,规定了特定的供电电源电压系列,在正常和故障情况下,任何两个导体间或导体与地之间的电压上限,不得超过交流电压50V。

(2) 安全电压的等级分为42V、36V、24V、12V、6V。当电源设备采用24V以上的安全电压时,必须采取防止可能直接接触带电体的保护措施。因为尽管是在安全电压下工作,一旦触电虽然不会导致死亡,但是如果不及时摆脱,时间长了也会产生严重后果。另外,由于触电的刺激可能引起人员坠落、摔伤等二次性伤亡事故。

因此,在潮湿环境中,人体的安全电压为12V。正常情况下人体的安全电压不超过50V。当电压超过24V时应采取接地措施。

2. 电伤危害

新能源汽车动力蓄电池电压(EV160动力蓄电池额定电压为320V)远高于人体安全电压,如果新能源汽车的用户和维修人员对高压系统缺乏了解,在对车辆进行清洗、维修或充电时很可能会操作不当,引发触电,对人员造成伤害甚至死亡。

触电是指人体触及带电体时,电流对人体所造成的伤害。触电可分为电伤和电击两种。电伤是指由于电流的热效应、化学效应和机械效应对人体的外表造成的局部伤害,如电灼伤、电烙印和皮肤金属化等,如图2-1所示。

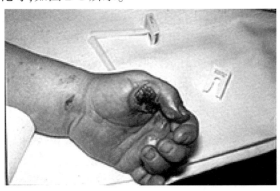

图2-1 手部电伤

电击是指电流流过人体内部造成人体内部器官的伤害。电击使人致死的原因有三方面:

(1) 流过心脏的电流过大、持续时间过长引起"心室纤维性颤动"而致死。

(2) 电流作用使人窒息而死亡。

(3) 电流作用使心脏停止跳动而死亡。

3. 触电急救

触电人员的现场急救,是急救过程中的一个关键,如处理得及时和准确,就可能使因触电而呈假死的人获救;反之,必然带来不可弥补的后果。

(1)事故判断。

发生电气事故时,第一步判断事故非常重要,这为后面急救措施提供很大帮助,如图2-2所示。

图2-2 判断电气事故

以下几种现象表明电气事故的发生:

①触电者仍然与事故电路接触,无法移动,电流流过人体导致肌肉抽搐。

②人员躺在地上没有知觉:通过人体的电流过高时,心脏会停止跳动,血液循环中断,人会没有知觉。

③事故人员身上有烧伤,说明有一处电流一直通过人体固定部位。

④事故人员处于休克状态,表现为无精打采或者过度兴奋。

(2)急救流程。

第二步思考操作顺序(图2-3)。首先是使触电人很快脱离电源,当触电人脱离开电源后,应即依据具体情况,迅速对症救治,同时赶快派人请医生前来抢救。

必须注意的是发生电气事故时,自我保护是第一位的。在进行救助伤员时,首先要保证自身的安全,才能更好地救助他人。

只有清楚操作流程,才能更好地展开急救行动。如果有其他人在现场,也应该给他们分配急救任务(图2-4),通过合作才能更好更迅速地救助受害者。

图2-3 思考操作顺序

图2-4 急救行动

所有的急救行动都是为了保证事故人员的生命安全。必须按照正确顺序展开急救,只有这样才能形成完整的救助链(图2-5)。

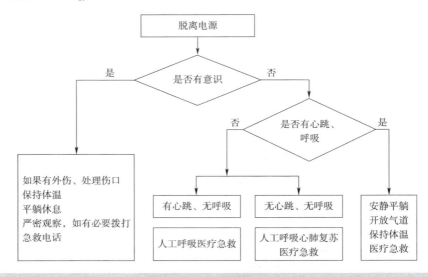

图 2-5 救助链

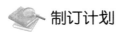
制订计划

根据高压安全事故应急处理规范与要求,制订新能源汽车高压安全事故应急处理措施,见表 2-1。

高压安全事故应急处理措施　　　　表 2-1

序 号	作 业 项 目	操 作 要 点
1	脱离电源	工具的选用和安全措施
2	伤情判断	外伤处理及拨打急救电话
3	口对口(鼻)急救	操作规范
4	胸外按压急救	操作规范

任务实施

1. 实施准备

任务实施准备内容见表 2-2。

任务实施准备内容　　　　表 2-2

序 号	项 目	内 容
1	实训环境	新能源汽车维修实训室
2	防护装备	车内外三件套,绝缘防护装备
3	实训车辆	新能源车辆、台架
4	专用工具	绝缘拆装组合工具、举升机等
5	辅助材料	警示标示、医用急救包等

2. 作业安全

作业安全要求见表 2-3。

作业安全要求　　　　　　　　　　　　　　　　　表 2-3

序　号	内　　容
1	实训开始前应摘掉饰品,换上实训服,长头发应挽起固定于脑后
2	整车实训时确保点火开关处于 Lock 位置,操作另有要求除外
3	工具使用后,应清洁并归还原处
4	严格遵守实训室规定的安全注意事项和操作流程

3. 操作步骤

(1)步骤一:事故判断。在事故人员遇到危险时,救助人要先了解事故的情况,判断是否是带电事故。

(2)步骤二:脱离电源。电流流过人体可能造成伤害。电流强度越大,持续时间越长,受伤越严重。因此,发生触电事故时,首先断开事故电路。

可以采取以下措施关闭新能源汽车上的事故电路电源:
①拉起高压电安全插头。
②断开 12V 供电。
③拔下供电熔断器。

如果救助人不能在无危险的情况下断开事故电源,则必须采用其他方式。为此,救助人需要使用绝缘用品,最好是绝缘防护手套。戴上绝缘防护手套,分开事故人与带电部件。特殊情况下,可以用干木头或者塑料部件断开,如图 2-6 所示。

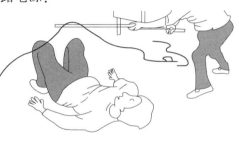

图 2-6　脱离电源

(3)步骤三:拨打紧急电话。发生电气事故时,需要请专业人士进行救援,就需要拨打急救电话,特别是事故人受伤很严重的时候。我国医疗紧急电话是 120。拨打急救电话需要告知:事故发生地点,怎样发生的,多少人受伤,受伤情况等。

(4)步骤四:现场急救。
①判断触电者伤害情况,主要为看、听、试。
看:查看事故人的胸部、腹部有无起伏动作,瞳孔是否放大(图 2-7)。
听:贴近事故人的口鼻处,听有没有呼吸。
试:测试事故人口鼻处有无气流,再用两手指测试颈动脉有无搏动(图 2-8)。

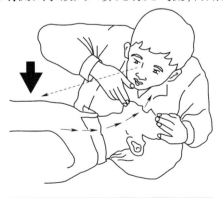

图 2-7　查看事故人情况

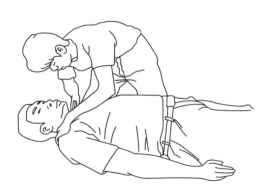

图 2-8　测试颈动脉

如果触电人的伤害并不严重,神志尚清醒,只是有些心慌,四肢发麻,全身无力,或者虽一度昏迷,但未失去知觉时,都要使之安静休息,不要走路,并密切观察其病变。如果触电人的伤害较严重,失去知觉,停止呼吸,但心脏微有跳动时,应采取口对口人工呼吸法,如果虽有呼吸,但心脏停跳时,则应采取人工胸外挤压心脏法。如果触电人的伤害相当严重,心跳和呼吸都已停止,人完全失去知觉时,则需采用口对口的人工呼吸和人工胸外挤压心脏两种方法同时进行。

②现场急救。

遇到事故人失去知觉而且不能呼吸时,需要立即进行心肺复苏。心肺复苏包括人工呼吸和胸外心脏按压,在医务人员到达之前要一直进行操作。

a.口对口(鼻)呼吸。事故人取仰卧位,救助者一手放在患者前额,并用拇指和食指捏住患者的鼻孔,另一手握住颏部使头尽量后仰,保持气道开放状态。然后深吸一口气,张开口以封闭事故人的嘴周围,向事故人口内连续吹气2次,每次吹气时间为1~1.5s,吹气量1000mL左右,直到胸廓抬起,停止吹气(图2-9)。

松开贴紧患者的嘴,并放松捏住鼻孔的手,将脸转向一旁,用耳听有否气流呼出,再深吸一口新鲜空气为第二次吹气做准备,当事故人呼气完毕,即开始下一次同样的吹气。

如事故人仍未恢复自主呼吸,则要进行持续吹气,成人吹气频率为12次/min,但是要注意,吹气时吹气容量相对于吹气频率更为重要,开始的两次吹气,每次要持续1~2s,让气体完全排出后再重新吹气,1min内检查颈动脉搏动及瞳孔、皮肤颜色,直至事故人恢复复苏成功,或死亡,或准备好做气管插管。

b.胸外心脏按压。事故人仰卧于地上,救助人应紧靠事故人胸部一侧,为保证按压时力量垂直作用于胸骨,救助人可根据事故人所处位置的高低采用跪式或用脚凳等不同体位,正确的按压部位是胸骨中、下1/3(图2-10)。

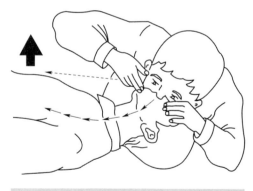 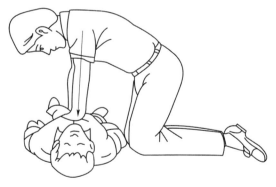

图2-9 进行人工呼吸　　　　　　　图2-10 胸外心脏按压正确方法

具体定位方法是,救助人以左手食指和中指沿肋弓向中间滑移至两侧肋弓交点处,即胸骨下切迹,然后将食指和中指横放在胸骨下切迹的上方,食指上方的胸骨正中部即为按压区,将另一手的掌根紧挨食指放在患者胸骨上,再将定位之手取下,将掌根重叠放于另一手手背上,使手指翘起脱离胸壁,也可采用两手手指交叉抬手指(图2-11)。

救助人双肘关节伸直,双肩在事故人胸骨上方正中,肩手保持垂直用力向下按压,下压深度为4~5cm,按压频率为80~100次/min,按压与放松时间大致相等。

在施行人工呼吸和心脏按压时,救护人应密切观察触电人的反应。只要发现触电人有苏醒征象,如眼皮闪动或嘴唇微动,就应该中止操作几秒钟,以让触电人自行呼吸和心跳。

施行人工呼吸和心脏按压,对于救护人来说,是非常劳累的,而且必须坚持不懈,直到触电人复苏或医务人员前来救治为止。只有医生才有权宣布触电人真正死亡。

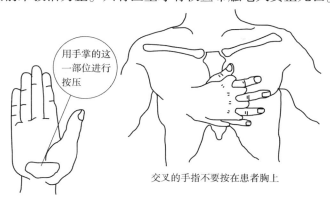

图2-11 正确按压位置

评价与反馈

评价反馈表见表2-4。

评 价 反 馈 表　　　　　　　　　　　　　表2-4

项　　目	评 价 标 准	评价结果★★★★★	
		自评	互评
接收任务	明确工作任务,理解任务在企业工作中的重要程度		
信息收集	掌握工作相关知识及操作要点		
制订计划	(1)按照学习任务要求,制订合适的实施计划; (2)能协同小组人员安排任务分工		
任务实施	(1)能在实施前准备好所需要的工具器材及安全准备; (2)完成触电急救实施计划; (3)完成触电急救操作		
团队协作	团队成员积极参与,任务完成高效快捷		
沟通表达	(1)团队之间交流充分,各抒己见; (2)任务展示表述准确清晰		
职业素养	(1)未出现设备损坏和人员受伤; (2)5S管理规范; (3)行为举止文明有序		
自我反思与改进			
教师总评			

知识拓展

人体作为导电体,在直接接触电流时,即成为电路中的一部分,电击通过产热和电化学作用引起人体器官功能障碍,包括抽搐、心室颤动、呼吸中枢麻痹、呼吸暂停和组织损伤。当人触电发生心脏呼吸骤停后,必须尽快实施有效急救。心脏骤停后的时间及后果见表2-5。

心脏骤停的时间及后果　　　　　　　　　表2-5

序号	时间	后果
1	心跳停止 5~10s	意识丧失,突然倒地
2	心跳停止 30s	可出现全身抽搐
3	心跳停止 60s	瞳孔放大,自主呼吸逐渐消失
4	心跳停止 3min	开始出现脑水肿
5	心跳停止 4min	开始出现脑细胞死亡
6	心跳停止 8min	大脑不可逆损害,出现脑死亡,"植物状态"

从表2-5可看出,心脏猝死的黄金抢救时间仅为4min。自动体外除颤仪(AED)是目前公认抢救心脏猝死最有效的方法,因此又被称为"救命神器"。它是一种能够自动监测患者心率并施以电击使心脏恢复正常运作的医疗仪器,如图2-12所示。

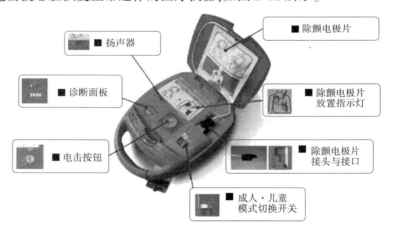

图2-12　便携式体外自动除颤仪

AED 的操作方法如下:

第一步:开。

患者仰卧,AED 放在患者耳旁,在患者一侧进行除颤操作,这样方便安放电极,同时方便有人在患者右侧实施心肺复苏(CPR)。

打开 AED 的开关,方法是按下电源开关或掀开显示器的盖子,仪器发出语音提示,指导操作者进行以下步骤。

第二步:贴。

安放电极,迅速把电极片粘贴在患者的胸部,通常一个电极放在右上胸壁(锁骨下方),

另一个放在左乳头外侧,上缘距腋窝 7cm 左右,如图 2-13 所示。具体位置可参考 AED 机壳上的图示和电极板上的图片说明。

若患者出汗较多,应事先用衣服或毛巾擦干皮肤。若患者胸毛较多,会妨碍电极与皮肤的有效接触,可用力压紧电极,若无效,应剔除胸毛后再粘贴电极。在粘贴电极片时尽量减少 CPR 按压中断时间。

第三步:插。

将电极片插头插入 AED 主机插孔,开始分析心律。急救人员和旁观者应确保不与患者接触,避免影响仪器分析心律。心律分析需要 5~15s。如果患者发生室颤,仪器会通过声音报警或图形报警提示。

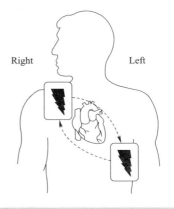

图 2-13 除颤仪电极贴片安放位置

第四步:电。

全自动的机型甚至只要求施救者为患者贴上电击贴片,它即可自己判断并产生电击;半自动机型则会提醒施救者去按下"电击"钮。按"电击"钮前必须确定已无人接触病人,或大声宣布"离开"。当分析有需除颤的心律时,电容器往往会自动充电,并有声音或指示灯提示。第一次电击后,不要去除贴片,如果患者没有恢复意识和呼吸,立刻继续心肺复苏(CPR),AED 会持续检测,根据指示操作。

任务二 新能源汽车检修高压安全防护

学习目标
知识目标
1. 能说出新能源汽车高压安全防护措施;
2. 能说出高压安全防护用具的名称;
3. 能描述新能源汽车维修工位防护要求。
能力目标
1. 能完成新能源汽车维修工位防护;
2. 能完成新能源汽车维修人身防护;
3. 能按照规范要求完成高压断电操作。
建议课时
6 课时

任务描述

4S 店迎来一辆纯电动汽车,该车仪表显示动力系统故障。该车故障诊断中需要对高压部件进行操作,你知道新能源汽车维修需什么资质吗?在维修过程中,维修人员又将如何进行高压安全防护呢?

信息收集

《电动汽车安全要求第 3 部分》(GB/T 18384.3—2015),根据最大工作电压 U,将电气元件或电路分为以下等级,见表 2-6。

电 压 等 级　　　　　　　　　　　　　　　表 2-6

电压等级	最大工作电压(V)	
	直流	交流
A	$0 < U \leq 60$	$0 < U \leq 30$
B	$60 < U \leq 1500$	$30 < U \leq 1000$

A 级为低压,不要求提供触电防护。

B 级为高压,对于 B 级电压的电能存储系统要有高压警告标记,B 级电压电路中电缆和线束的外皮应用橙色加以区分;对于任何 B 级电压电路的带电部件,都应为人员提供危险接触的防护。

1. 新能源汽车高压安全防护措施

(1)高压部件和高压线束的防护与标识。

高压部件的防护主要包括防水、机械防护及高压警告标识等。尤其是布置在机舱内的部件,如电机及其控制系统、电动空调系统、DC/DC 电压转换器、车载充电机等及它们中间的连接接口,都需要达到一定的防水和防护等级,并且高压部件应具有高压危险警告标识,以警示用户与维修人员在维修时注意这些高压部件,如图 2-14 所示。

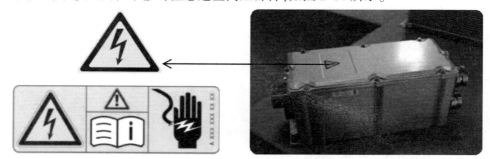

图 2-14　高压部件的防护与标识

由于新能源汽车线束包括低压线束与高压线束,为提示和警示用户和维修人员,高压线束应采用橙色线缆并用橙色波纹管对其进行防护。同时高压连接器也应标识为橙色,起到警示作用,并且所选高压连接器应达到 IP67 防护等级,如图 2-15 所示。

图 2-15　高压线束的防护

(2)预充电回路保护设计。

因为高压设备控制器输入端存在大量的容性负载,直接接通高压主回路可能会产生高压电冲击,故为避免接通时的高压电冲击,高压系统需采取预充电回路的方式对高压设备进行预充电。图2-16所示为纯电动汽车高压系统预充电回路原理。

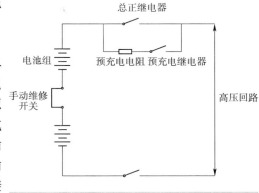

图2-16　纯电动汽车高压系统预充电回路原理图

(3)高压电磁兼容性设计。

由于纯电动汽车上存在高压交流系统,具有较强的电磁干扰性,因此,高压线束设计时电源线与信号线尽量采用隔离或分开配线;电源线两端考虑采用隔离接地,以免接地回路形成共同阻抗耦合将噪声耦合至信号线;输入与输出信号线应避免排在一起造成干扰;输入与输出信号线尽量避免在同一个接头上,如不能避免时应将输入与输出信号线错开放置。

(4)高压设备过载/短路保护设计。

当汽车高压附件设备发生过载或线路短路时,相关高压回路应能自动切断供电,以确保高压附件设备不被损坏,保证汽车和驾乘人员的安全。因此,在高压系统设计中应设置过载或短路的保护部件,如在相关回路中设置熔断器和接触器,当发生过载或短路而引起熔断器或接触器短路时,高压管理系统会通过对接触器触点和相关控制接触器闭合的有效指令进行综合判定,若检测出相关电路故障,高压管理系统会发出声光报警以提示驾驶员。

(5)故障检测与保护。

①绝缘电阻故障处理。电动汽车电气化程度相对传统汽车要高,其中像电池包、电驱动系统、高压用电辅助设备、充电机及高压线束等在汽车发生碰撞、翻转及汽车运行的恶劣环境(汽车振动、外部环境湿度及温度)影响下,都有可能导致高压电路与汽车底盘间的绝缘性能降低,由此可能造成汽车火灾的发生,直接影响汽车驾乘人员的生命安全。因此,在电动汽车高压系统设计时,首先应确保绝缘电阻值大于$100\Omega/V$;其次当汽车发生绝缘电阻值低于规定值时,高压管理系统应及时切断所有的高压回路并发出报警(图2-17),并持续一定时间待原先故障消失后,汽车才能允许进行下一次上电。

②电压检测与故障处理。纯电动汽车的动力来源是动力蓄电池,动力蓄电池的电压与其放电能力和放电效率有很大的关系。当动力蓄电池电压处于低电压时仍大电流放电,将会损坏高压用电设备并会严重影响电池使用寿命。当检测到电压过高或过低时,将及时切断相关回路。

图2-17　绝缘监测

③电流检测与故障处理。汽车由于受到运行道路环境及驾驶员操控的影响,汽车运行状态会随时发生变化,动力蓄电池的放电电流会随驾驶员的操控而发生明显变化。当电流超过预设定的允许范围,就会引起温度过分升高,此时不仅影响电池的寿命,而且极端情况下还会引起异常的反应,造成汽车功率器件的损坏,危及汽车高压系统安全。因此,这就要求高压管理系统需

对动力蓄电池实时进行电流监控,当检测到电流异常时,高压管理系统将会及时切断所有高压回路并发出声光报警,提示驾乘人员和其他汽车。

④高压接触器触点状态检测与故障处理。为实现纯电动汽车的控制功能和高压电路的可自行切断保护功能,在电动汽车的高压系统中配置可控制的并且有自我保护切断高压回路功能的高压接触器。根据整车设计的需求,任何电动汽车在动力主回路中都会配置高压接触器,如果高压接触器触点发生闭合或断开失效时,没有相应的正确处理方式应对,将有可能引起不正常的控制而造成汽车不能正常起动或不能起动,严重的情况下,将会给汽车和人身安全造成危险。鉴于上述问题的严重性,应对高压接触器触点状态进行安全有效的实时监控,并对故障进行处理。当高压接触器触点发生闭合或断开失效故障时,高压管理系统会发出声光报警,提示操作人员根据故障的级别控制汽车以及是否可进行其他操作。

⑤高压互锁回路检测及故障处理。高压回路互锁功能设计是针对高压电路连接的可靠程度提出的(图2-18)。危险电压闭锁回路也称为高压互锁回路(HVIL),它是一个典型的互锁系统,通过使用电气的信号,来检查整个模块、导线及连接器的电气完整性。当高压安全管理系统检测到某处连接断开或某处连接没有达到预期的可靠性时,安全管理系统将直接或通过整车控制器切断相关动力电源的输出并发出声光报警,直到该故障完全排除。图2-19所示为高压互锁回路检测原理图。

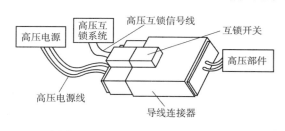

图2-18 高压部件导线连接器的互锁开关

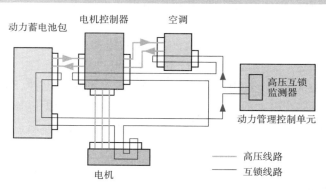

图2-19 高压互锁电路检测原理图

⑥充电互锁检测及故障处理。出于安全考虑,充电时,整个驱动系统都需要处于断电状态,即驱动系统高压接触器需处于断开状态,当高压安全管理系统接收到有效的充电信息指令后,高压管理系统首先检测驱动系统相关接触器是否处于断开状态。若处于断开状态,则闭合充电回路相关接触器。否则,充电接触器将不会闭合,高压管理系统将发出声光报警以提示相关人员,直至故障排除。

(6)高压系统余电放电保护。

由于高压系统的电机控制器和电动空调等高压部件存在大量的电容。当高压主回路断开时,因高压部件电容的存在,高压系统中还存有很高的电压和电能。为避免对人员和汽车造成危害,在切断高压系统后主动将电容的高压电通过并联在高压系统中的电阻释放掉,如图2-20所示。

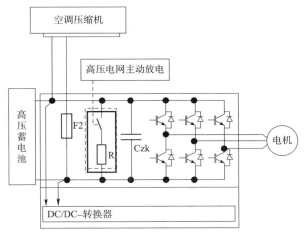

图2-20 高压系统余电放电保护

(7)静止停放时安全管理。

汽车静止停放时,每隔一定时间(20s或30s)高压安全管理系统需对高压电网系统进行1次绝缘测量,即判别高压电网系统有无绝缘故障,整个高压回路系统包括动力蓄电池内部、动力线、电驱动系统(电机控制器和电机三相线)及连接高压设备附件的导线。当检测到有绝缘故障且故障一直存在时,仪表便会显示绝缘故障指示,以提示驾驶员。

(8)碰撞安全。

通常,电动汽车采用了高达400V左右的大容量动力蓄电池作为驱动汽车的动力源,因而电力未切断的动力蓄电池会对汽车和人员造成不容忽视的威胁和伤害。若汽车在行驶过程中发生碰撞、翻滚或在充电状态中被其他汽车撞击等意外事故,将会使动力蓄电池组、高压用电设备及高压线束等与车身之间发生摩擦或接触,造成潜在的绝缘失效和短路等危险。为避免由于上述状况而引起的汽车安全问题,可通过一些相关的传感器(如碰撞传感器、角度传感器)来检测汽车的状态,当高压管理系统接收到相关传感器发出的信号后,立即关闭高压电,并利用高压系统余电放电电路将汽车高压部件电容端的电压在1s内放掉,避免火灾或漏电事故引起的人员触电事故的发生。

2. 高压防护装备

(1)绝缘维修工具。

维修高压系统的汽车时,必须使用带有绝缘功能的维修工具。这些工具可以保护维修人员的操作安全。绝缘维修工具是指可以在额定电压1000V交流电压和1500V直流电压的部件上进行维修作业的工具,包括常用的万用表、维修套筒、开口扳手、钳子、螺丝刀等,如图2-21所示。

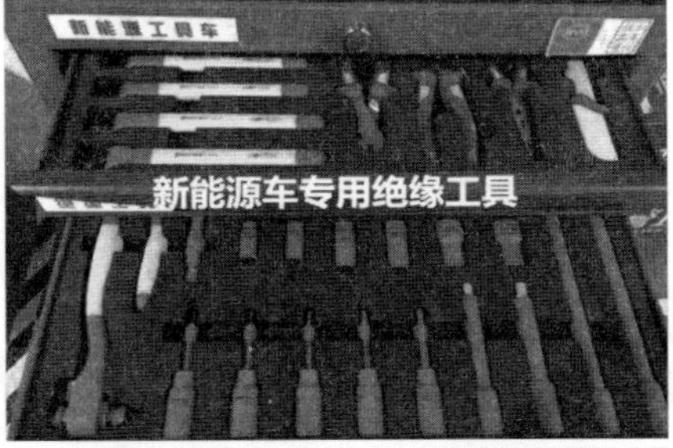

图2-21 新能源汽车维修绝缘维修工具

(2) 个人防护用具。

为了在操作过程中防止高压电的触电危险,一般选择绝缘手套、电绝缘防护服、绝缘安全鞋、护目镜以及绝缘地垫,如图2-22所示。

a) 绝缘手套　　b) 电绝缘防护服　　c) 绝缘安全鞋　　d) 护目镜　　e) 绝缘地垫

图2-22　个人防护用具

①绝缘手套。高压工作的使用的绝缘手套具备两个功能,一个是在进行任何高压线路的检测过程中,使用绝缘手套承受1000V以上的工作电压。二是具备抗碱性,防止操作过程中接触高压动力蓄电池组中的钾氢氧化物,造成对人体的伤害。

使用绝缘手套之前要先检查其是否在有效期内,外观是否完好。每次使用之前都要进行漏气检查。

②电绝缘防护服。进行高压电维修作业时,必须穿电绝缘防护服,可以防护10000V以下电压,绝不可穿化纤类的防护服,化纤类衣服容易产生静电,而且在发生火灾时,容易着火粘在皮肤上,导致维修人员的二次伤害。

③护目镜。护目镜的使用可以保护维修人员的眼睛,防止电池液的飞溅,同时防止维修过程中产生的电火花对眼睛的伤害。

④绝缘安全鞋。绝缘安全鞋的作用是使人体与地面绝缘,防止电路通过人体与大地之间构成回路,对人体造成电击伤害。根据《防静电鞋、导电鞋技术要求》(GB 4385—1995)进行生产,电阻值范围为$100k\Omega \sim 1000M\Omega$,该产品具有透气性好、防静电、耐磨、防滑等功能。

对于特定的维修作业,维修人员可能需要在高压部件附近进行操作。如果有导电物体掉落在高压电路上,很容易造成短路事故。

对于混合动力汽车和纯电动汽车的维修,维修人员维修过程中,需要把身上的金属和首饰取下来,如戒指、手表等,因为它们可能掉落下来造成闪弧事故。

3. 维修车间安全防护

新能源汽车常用的车间防护设备有防静电工作台、隔离带、车间警示标志、灭火器等,如图2-23所示。

防静电工作台在对新能源汽车电力电子部件或总成进行检测时,防止静电击穿电力电子元器件。

隔离带是将车辆高压电气系统的作业场地隔离,防止其他人员随意进入带电区域,起到隔离和警示的作用。警示标志为了提醒人员电气设备高压危险,提示维修人员车辆带电状态。灭火器在电路引起火灾的时候扑救,防止火灾蔓延。

图2-23　工位防护

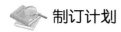 制订计划

根据新能源汽车高压部分断电规范与要求,制订吉利帝豪 EV300 新能源汽车高压断电计划,见表 2-7。

高压断电计划　　　　　　　　　　　　表 2-7

序　号	作 业 项 目	操 作 要 点
1	个人防护的穿戴	防护工具的检查与穿戴
2	维修工位安全防护	防护要点及操作规范
3	高压断电	操作规范

 任务实施

1. 实施准备

任务实施准备内容见表 2-8。

任务实施准备内容　　　　　　　　　　　　表 2-8

序　号	项　目	内　　容
1	实训环境	新能源汽车维修实训室
2	防护装备	车内外三件套、绝缘防护装备
3	实训车辆	新能源车辆、台架
4	专用工具	绝缘拆装组合工具、万用表、举升机等
5	辅助材料	新能源汽车随车手册、维修手册、警示标示等

2. 作业安全

作业安全要求见表 2-9。

作业安全要求　　　　　　　　　　　　表 2-9

序　号	内　　容
1	实训开始前应摘掉饰品,换上实训服,长头发应挽起固定于脑后
2	整车实训时确保点火开关处于 Lock 位置,操作另有要求除外
3	就车工作时,应施加驻车制动,除非特定操作要求置于其他挡位
4	举升车辆时按照规范进行,避免发生意外事故
5	工具使用后,应清洁并归还原处
6	维修作业时避免无关人员靠近
7	维修操作设立安全监护人,实操学生没有特种作业操作证书,实训老师必须在场,确保人身安全
8	高压维修作业时严禁携带金属品
9	严格遵守实训室规定的安全注意事项和操作流程

3. 操作步骤

(1)步骤一:个人防护装备检查。

①高压绝缘手套的检查。

目视检查:观察绝缘手套是否有割伤、裂缝或褪色等物理损坏,并将绝缘手套翻转进行表面检查,观察是否有裂纹、杂质等痕迹,如图 2-24 所示。

充气检查:将手套充满气体,并将手套袖口封住,听手套有无漏气声,确定手套不漏气。若手套未膨胀鼓起,则定位漏气点,如图 2-25 所示。

图 2-24　高压绝缘手套目视检查

图 2-25　高压绝缘手套充气检查

②安全帽的检查。

外观检查:检查是否有生产许可证、产品合格证和安全鉴定书;检查说明书是否齐全、准确;安全帽属于国家劳动防护产品,应具有"安全防护"标识;检查产品做工,合格的产品做工细致,质地均匀。

检查安全帽的内衬和帽顶的距离,距离在 2.5~5cm,符合安全规范要求。

③护目镜的检查。检查护目镜的镜片,是否掉落;检查镜片表面是否有刮痕、气泡等;戴上护目镜时,观看前方是否清晰,不能模糊。

④安全鞋检查。检查安全鞋是否破损,鞋内是否有杂物。

⑤防护服检查。检查防护服是否破损,是否整洁。

(2)步骤二:个人防护设备穿戴。按要求进行穿戴个人防护设备,如图 2-26 所示。戴安全帽时要注意:

①戴安全帽前应将帽后调整带按自己头型调整到合适的位置,然后将帽内弹性带系牢。

②安全帽要戴正,不要把帽檐戴在后面,否则影响安全帽的防护效果。

(3)步骤三:维修工位安全防护。

①设立隔离带,布置警戒线,保持隔离间距。

②张贴"高压危险"等警示牌。

③举升车辆,测试绝缘地垫五个方向的绝缘阻值是否大于 20MΩ,若阻值不合格,禁止作业。

(4)步骤四:仪表工具检查。

①检查工具设备是否齐全。

②检查绝缘万用表等绝缘工具是否能正常使用,万用表进行校"0",如图 2-27 所示。

图 2-26　穿戴防护设备

图 2-27　万用表进行校"0"

(5) 步骤五:车辆高压断电。

①关闭点火开关,将钥匙放置在专用盒内并上锁,专用盒钥匙由操作人员随身携带。

②将充电口用黄黑胶布封闭(图2-28)。

③安装车内三件套,安装车轮挡块、车内外三件套,确认换挡杆处于空挡,拉起驻车制动器操纵杆。打开发动机舱盖,安装车外三件套。

④断开低压蓄电池负极,用绝缘胶带或尼龙口袋对蓄电池负极进行绝缘处理,如图2-29所示。

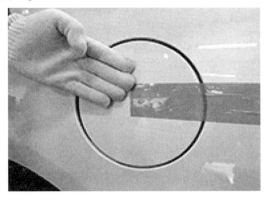

图2-28 黄黑胶布封闭充电口

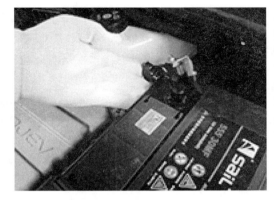

图2-29 压蓄电池负极绝缘处理

⑤用一字螺丝刀将位于中央扶手箱底壳保护罩取下,作业人员戴高压绝缘手套,按照"一拉锁扣、二提扶手"的顺序,拆下高压维修开关,如图2-30所示。将维修开关放置到指定位置并上锁,钥匙由作业人员随身携带保管,在拆除位置放置专用维修断电保护盖。

⑥等待5min耗尽高压残余电压。

⑦断开车载充电机OBC高压连接线束,如图2-31所示。

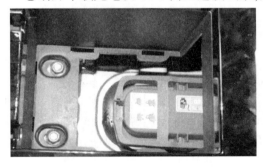

图2-30 拆卸维修开关

图2-31 断开车载充电机OBC高压连接线束

(6) 步骤六:车辆高压电启动操作。

①检查高压电系统,检查电缆接头和高压线束有无脏污和损坏。

②连接车载充电机OBC高压连接线束。

③取出高压维修开关,按照"一压扶手、二推锁扣"的顺序安装高压维修开关。

④安装中央驾驶舱底壳保护罩。

⑤取下蓄电池负极绝缘装置,安装蓄电池负极。

⑥取出车辆钥匙,完成高压上电。

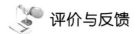

评价与反馈

评价反馈表见表2-10。

评价反馈表　　　　　　　　　　　　　表2-10

项目	评价标准	评价结果★★★★★	
		自评	互评
接收任务	明确工作任务,理解任务在企业工作中的重要程度		
信息收集	掌握工作相关知识及操作要点		
制订计划	(1)按照学习任务要求,制订合适的实施计划; (2)能协同小组人员安排任务分工		
任务实施	(1)能在实施前准备好所需要的工具器材及安全准备; (2)完成新能源汽车个人及工位安全防护; (3)完成新能源汽车的高压断电和高压电启动操作		
团队协作	团队成员积极参与,任务完成高效快捷		
沟通表达	(1)团队之间交流充分,各抒己见; (2)任务展示表述准确清晰		
职业素养	(1)未出现设备损坏和人员受伤; (2)5S管理规范; (3)行为举止文明有序		
自我反思与改进			
教师总评			

知识拓展

随着电动汽车的发展,越来越多的消费者们开始选择了新能源汽车。新能源汽车在世界各地公路上数量的增加,碰撞的风险也在增加。那么当一辆新能源汽车发生撞车事故时会发生什么呢？它们巨大的高压电池组可能会着火,或者更严重的是,切断的电缆可能会接触到车辆结构的金属部分,进而导致车内人员或急救人员触电。

对此,德国汽车供应巨头公司博世在2019年推出了EV碰撞事故解决方案:在汽车中安装爆炸物,可以显著降低这些风险。

该方案是将半导体整合到电气系统中,并与安全气囊传感器进行连接,如果探测到撞击,传感器就会触发安全气囊,并同时控制半导体引爆一条电线连接,引爆一个小型爆炸,将高压电缆切断,并将切断端隔离开来。这能从根源上确保了电流并不会对车内人员造成伤害。

相信随着混合动力汽车和电动汽车在世界道路上越来越普遍,这种爆炸性技术在未来的汽车上或许会成为和安全带一样的标准配置,为营救人员保证安全和争取时间。

项目三　动力蓄电池及管理系统检修

发动机是传统汽车的"心脏"。目前，新能源汽车是用电能替代传统发动机的输出能量，其核心是动力蓄电池及管理系统，主要包括动力蓄电池部分与电能管理部分。本项目分为两个学习任务。

任务一　动力蓄电池系统模组的拆卸与更换
任务二　动力蓄电池组的检测与维修

通过两个任务的学习，在教师的指导下，小组合作，参照维修手册内容完成动力蓄电池系统模组的拆卸与更换和动力蓄电池组的检测与维修。

任务一　动力蓄电池系统模组的拆卸与更换

学习目标
知识目标
1. 能够描述动力蓄电池的组成、作用及类型；
2. 能够描述动力蓄电池是如何工作的；
3. 能够描述动力蓄电池组内部组成部件及功能；
4. 能够描述常见车型动力蓄电池的参数与结构组成。

能力目标
1. 能正确识别实车中动力蓄电池系统模组的部件；
2. 能够正确进行动力蓄电池系统模组的拆卸与更换。

建议课时
10 课时

 任务描述

某客户驾驶一辆北汽 EV200 电动车，车辆发生故障，车主报修。4S 店技术主管在经过各项检测之后，判断客户的 EV200 汽车是动力蓄电池故障。请你按照规范流程更换动力蓄电池总成，并确认其工作状态正常。

 信息收集

1. 动力蓄电池的作用

动力蓄电池的作用是接收和储存由车载充电机、发电机、制动能量回收装置或外置充装置提供的高压直流电,并且为电动汽车提供高压直流电。充电装置充电示意图如图 3-1 所示,制动能量回收示意图如图 3-2 所示。

图 3-1　充电装置充电示意图　　　　　图 3-2　制动能量回收示意图

动力蓄电池是纯电动汽车的核心部件,也是新能源汽车上价格最高的部件之一。动力蓄电池的性能好坏直接决定了这辆车的实际价值。动力蓄电池一旦失效,车辆就会处于瘫痪状态。动力蓄电池属于高压安全部件,内部结构复杂,工作时需要很苛刻的条件,任何异常因素都将导致动力被切断,因此对动力蓄电池的诊断与测试前必须经过严格的培训才能对动力蓄电池进行各项作业。

2. 动力蓄电池的安装位置

纯电动汽车的动力蓄电池体积较大,一般位于车辆底部前、后桥及两侧纵梁之间,安装在这些位置,有较高碰撞安全性,且降低车辆重心,车辆操控性更好。图 3-3 所示为北汽 EV160 纯电动汽车动力蓄电池安装位置。混合动力电动汽车的动力蓄电池个体较小,可安装在行李舱和后排座椅的下方或之间,图 3-4 所示为普锐斯动力蓄电池安装位置。

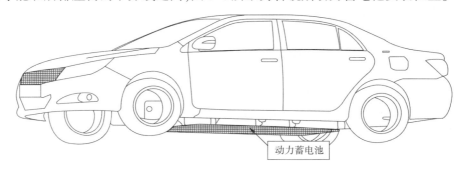

图 3-3　北汽 EV160 纯电动汽车动力蓄电池安装位置

动力蓄电池安装在这些地方,不但使得拆装操作更加简单,避免了动力蓄电池安装分散,减少动力蓄电池之间高压连接线束的使用,避免了线路连接过多的问题,而且节约了成本。

3. 动力蓄电池组的类型、结构与工作原理

新能源汽车上所使用的动力蓄电池种类繁多,外形差别较大,按其性质和不同的使用特征,可分为一次电池、二次电池、储备电池和燃料电池等。其中储备电池和燃料电池属于特殊的一

图 3-4　普锐斯动力蓄电池安装位置

次电池,目前电动汽车上二次电池的主要类型有铅酸蓄电池、镍氢蓄电池、锂离子蓄电池。

(1) 锂离子蓄电池。

锂电池(Lithium battery)是指电化学体系中含有锂(包括金属锂、锂合金和锂离子、锂聚合物)的电池。锂离子蓄电池是锂离子在电极之间移动而产生电能的,这种电能的存储和放出是通过正极活性物质中放出的锂离子向负极活性物质中移动完成的,并伴随以下化学反应,这是锂离子蓄电池的最大特点。锂离子蓄电池反应的这种特点,使锂离子蓄电池比传统的二次电池具有更长的寿命。

此外,电极材料种类较大的选择空间也是其一大特点,再加上锂离子蓄电池本身就具有小型化、轻量化和高电压化的特点,通过材料的选择和结构设计即能实现高输出功率和高容量,因此可以设计出与实际用途完全相符的结构及特性,这也是锂离子蓄电池的优势之一。

①锂离子蓄电池基本结构。目前,主要有圆柱形锂离子蓄电池结构(图3-5)和方形锂离子蓄电池结构(图3-6)。圆柱形锂离子蓄电池正极和负极的活性物质是利用一种被称为Binder的树脂胶粘剂固定在金属箔上,然后在其中间夹入隔板后收卷而成。

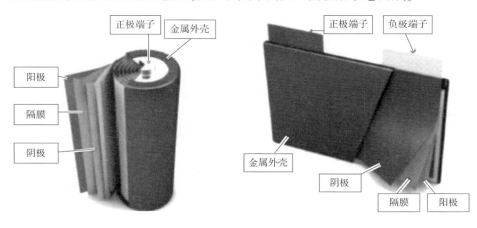

图3-5 圆柱形锂离子蓄电池结构　　图3-6 方形锂离子蓄电池结构

②锂离子蓄电池的工作原理。锂离子蓄电池主要由作为氧化剂的正极活性物质、作为还原剂的负极活性物质、作为锂离子导电的电解液以及防止两个电极产生短路的隔板组成,利用正极与负极之间锂离子的移动来进行充电和放电。图3-7所示为锂离子蓄电池的工作示意图。

正极反应：$Li_{1-x}M_yO_z + xLi^+ + xe^- \rightleftharpoons LiM_xO_z$

负极反应：$Li_x(C) \rightleftharpoons C + xLi + xe^-$

总反应：$Li_{1-x}M_yO_z + Li_x(C) \rightleftharpoons LiM_xO_z$

从上述反应式中,向左的反应表示充电,向右的反应表示放电,锂离子为被插入到碳素内的锂,它表示锂离子蓄电池是通过使锂离子在正极和负极之间移动来完成放电和充电的。

③锂离子蓄电池的常见类型。

按照正极材料进行分类:钴酸锂,锰酸锂,镍酸锂,磷酸铁锂,三元材料(镍钴锰酸锂)。

按照电解质分类:液态锂离子蓄电池,简称LIB(Liquid ion battery);聚合物锂离子蓄电池,简称LIP(polymer lithium ion battery)。分类对比见表3-1。

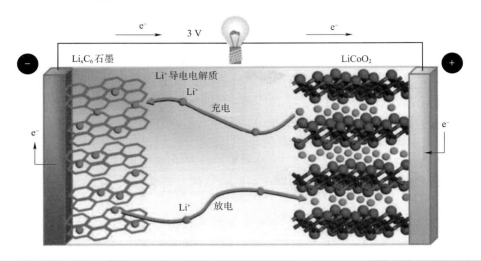

图3-7 锂离子蓄电池的工作示意图

锂离子蓄电池分类对比 表3-1

正极材料	平均输出电压(V)	能量密度(mA·h/g)
$LiCoO_2$	3.7	140
$Li_2Mn_2O_4$	4.0	100
$LiFePO_4$	3.3	130
Li_2FePO_4F	3.6	115

(2)镍氢蓄电池。

①镍氢动力蓄电池结构。镍氢蓄电池是将84~240个容量为6~6.5A·h的单体电池以串联方式连接后使用的。迄今为止已开发出了圆形和方形的混合动力汽车用的镍氢蓄电池,如图3-8所示。

图3-8 镍氢蓄电池

圆柱密封型镍氢蓄电池的单体电池结构(单一规格)及模块结构,如图3-9所示,这种电池的结构是将以隔板作为间隔层的镍正极板和贮氢合金负极板卷成涡旋形后插入用金属制成的外壳内,正极和负极分别采用烧结式(或非烧结式)的镍正极和膏状的贮氢合金负极。封口的固定方法:把以绝缘垫圈作为间隔的、且具有再恢复功能的安全阀的封口板,预先固定在电解槽的外壳上。为了在即使有大电流流过的瞬间也能阻止电池电压的下降或发热,正极和负极的集电体采用了尽可能降低连接电阻值的设计方法。由于单体电池连接成的模块将搭载在车辆上,因此模块必须具有承受剧烈振动的能力,并必须以很低的连接电阻来承担单体电池之间的电气连接,另外,能牢固支承模块的结构体也很重要。

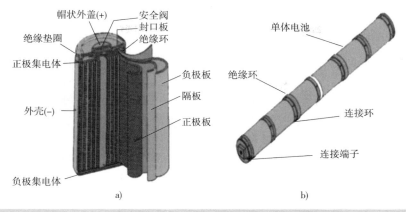

图 3-9 圆柱密封型镍氢蓄电池的单体电池结构

采用碟形的连接环对单体电池之间进行电气连接,因为这种连接环能够以最短距离和最大宽度的方式来完成单体电池之间的电气连接,因此才使单体电池之间采用低电阻接线的设想成为可能。另外,经过精心研制,这种连接环不仅具有电气连接的功能,而且其结构体以强度和柔软性兼备的特点发挥出了重要的支承作用。为了防止在单体电池之间发生短路,专门嵌入了用树脂制作的绝缘环,从而保证了模块强度的强化和安全性。位于模块的两端且能够采用螺钉被固定在模块之间的连接母线上的端子是通过焊接方式被固定的。

图 3-10 所示是一种采用树脂电解槽的方形镍氢蓄电池,其电极群由 6 个单体电池组成。在整体式树脂型电解槽内,以隔板作为间隔层互相重叠而成,封口采用的是一种可再恢复安全阀的树脂,外盖下端部与电解槽上端部之间采用热焊进行密封焊接。通过将设置在模块的电解槽表面的凸筋相互对接,便能在模块之间形成间隙,这样就可以使冷却气流从该间隙中穿过,从而获得更为均匀的冷却效果。对于这种方形的电池模块,以串联方式连接 20~40 个模块时,由于它比圆柱形模块更节省空间且减轻了质量,因此具有良好的搭载性。

图 3-10 采用树脂电解槽的方形镍氢蓄电池

②镍氢蓄电池的工作原理。镍氢蓄电池是由氢离子和金属镍合成,电量储备比镍镉蓄电池多 30%,比镍镉蓄电池更轻,使用寿命也更长。

镍氢蓄电池的充放电反应如下。

正极: $NiOOH + H_2O + e^- \underset{充电}{\overset{放电}{\rightleftharpoons}} Ni(OH)_2 + OH^-$

$$E_0 = +0.52V$$

负极: $MH_{ab} + OH^- \underset{充电}{\overset{放电}{\rightleftharpoons}} M + H_2O + e^-$

$$E_0 = -0.82V$$

电池: $NiOOH + MH_{ab} \underset{充电}{\overset{放电}{\rightleftharpoons}} Ni(OH)_2 + M$

$$E_0 = 1.34V$$

M 表示贮氢合金,H_{ab} 表示合金中储藏的氢。

在实际电池中,正极和负极的反应生成物并不像上述反应式中那么简单,充电时,在正极氢氧化镍 $Ni(OH)_2$ 被氧化生成羟基氧化镍 NiOOH 和水。另一方面,水在负极被还原,在贮氢合金的表面生成氢原子,此氢原子被贮氢合金吸收发生反应,生成金属氢化物。放电反应则与之相反。

镍镉蓄电池的电池反应不同,在镍氢蓄电池中,充电时,氢从正极向负极移动,放电时向反方向移动,其间并不伴随着电解液总量和浓度的增减。电解液中的 OH^- 虽然参与正极和负极的反应,但在电池反应中 OH^- 并没有增减。

4. 动力蓄电池组的组成

动力蓄电池组主要由动力蓄电池模组、电池管理系统、动力蓄电池箱及辅助元器件四部分组成,图 3-11 所示为北汽新能源 EV 系列车型(E150)动力蓄电池组主要组成部件。

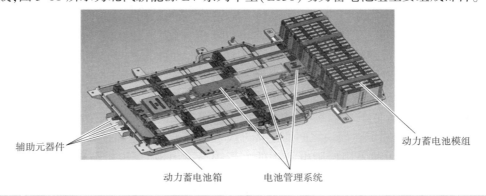

图 3-11 北汽新能源 EV 系列动力蓄电池组主要部件

(1)电池单体。

构成动力蓄电池模块的最小单元(电芯)。一般由正极、负极、电解质及外壳等构成。可实现电能与化学能之间的直接转换。

(2)电池模块。

一组并联的电池单体的组合,该组合额定电压与电池单体的额定电压相等,是电池单体在物理结构和电路上连接起来的最小分组,可作为一个单元替换,图 3-12 所示为比亚迪 e5 动力蓄电池内部结构。

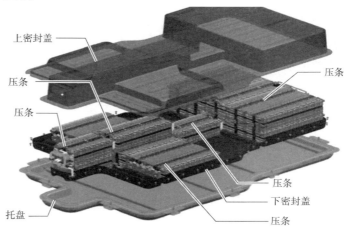

图 3-12 比亚迪 e5 动力蓄电池内部结构

(3)电池模组。

由多个电池模块或电池单体串联组成的一个组合体。

图 3-13 所示为比亚迪 e5 电池包连接方式:在电池内部 10~20 个电体电池组成一个模组,13 个模组串联组成整个电池包(电池包接口:1 号电池负极,13 号电池正极)。

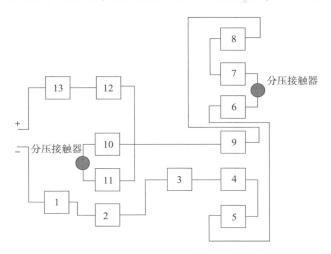

图 3-13　比亚迪 e5 电池包连接方式

5. 动力蓄电池回收与处理

对高压动力蓄电池部件进行维修时,必须采取特别的防护措施,同时遵守与工作环境相关的所有高压安全防护措施,还需要佩戴个人防护设备。

如图 3-14 所示,只允许将动力蓄电池及其组件(例如电池模块)存放在带有自动灭火装置的空间内。此外,必须装有火灾探测器,从而确保即使不在工作时间内也能识别出失火情况。原则上不允许将动力蓄电池放在地面上,而只能放在架子上或绝缘垫上,且必须将各电池模块存放在可上锁的安全柜内。当动力蓄电池单元故障但未损坏时,可像起动蓄电池一样将其放在运输容器内。

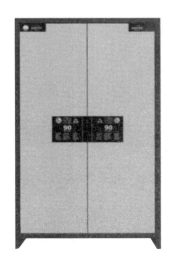

图 3-14　动力蓄电池及其组件的存放

出现以下情况时就会视为蓄电池损坏：
(1) 动力蓄电池单元带有可见烧焦痕迹。
(2) 动力蓄电池单元具体部位可见高温形成迹象。
(3) 动力蓄电池单元冒烟。
(4) 动力蓄电池单元外部面板变形或破裂。

如图 3-15 所示，必须将损坏的高电压蓄电池临时存放在户外带有特殊标记的容器内，至少 48h 之后才允许进行最终废弃处理。

存放位置必须与建筑物、车辆或其他易燃材料容器至少距离 5m。必须将外部损坏的高压蓄电池单元放在耐酸且防漏凹槽内，以免溢出的电解液流入土壤。由于存在危险和污染环境，动力蓄电池应由厂家或专门的机构回收处理。

图 3-15 损坏的高压蓄电池临时存放

 制订计划

根据动力蓄电池总成结构及安装位置，按照维修手册流程制订动力蓄电池总成拆装的实训计划，见表 3-2。

动力蓄电池总成拆装计划　　　　　　　　　　表 3-2

序　号	作 业 项 目	操 作 要 点
1	安全防护装备	安全注意事项
2	动力蓄电池总成的拆卸	动力蓄电池总成的拆卸规范与流程
3	动力蓄电池总成的安装	动力蓄电池总成的安装规范与流程
4	7S 作业规范	7S 等作业要求

 任务实施

1. 实施准备

任务实施准备内容见表 3-3。

任务实施准备内容　　　　　　　　　　表 3-3

序　号	项　目	内　　容
1	实训环境	新能源汽车维修实训室
2	防护装备	车内外三件套，绝缘防护装备
3	实训车辆	北汽新能源 EV2000（或其他纯电动车辆一辆）
4	专用工具	充电器、电池组托架、专用测试仪、蓄电池拆装专用工具、举升机等
5	辅助材料	新能源汽车随车手册、维修手册、绝缘地胶、灭火器、警示标示、清洁剂等

2. 作业安全

作业安全要求见表 3-4。

作业安全要求　　　　　　　　　　　　　　　　　　表 3-4

序　号	内　　容
1	实训开始前应摘掉饰品,换上实训服,长头发应挽起固定于脑后
2	整车实训时确保点火开关处于 Lock 位置,操作另有要求除外
3	就车工作时,应施加驻车制动,除非特定操作要求置于其他挡位
4	举升车辆时按照规范进行,避免发生意外事故
5	工具使用后,应清洁并归还原处
6	严格遵守实训室规定的安全注意事项和操作流程

3. 操作步骤

(1) 步骤一:动力蓄电池拆卸前准备。

①拆卸前工位准备。

拆卸与分解动力蓄电池总成最重要的特殊工具包括:

a. 可移动总成升降台以及用于拆卸和安装高电压动力蓄电池单元的适配接头套件;

b. 高电压动力蓄电池单元电池模块充电器;

c. 用于修理高电压动力蓄电池单元后进行试运行的专用测试仪;

d. 用于拆卸和安装电池模块的起重工具;

e. 用于松开高电压动力蓄电池单元内部卡子的塑料楔。

②工位安全防护。

a. 设立隔离带,布置警戒线,保持隔离间距。

b. 张贴"高压危险"等警示牌。

c. 高电压动力蓄电池单元修理工位必须洁净、干燥、无油脂、无飞溅火花。因此必须避免紧靠车辆清洗场所或车身修理工位。如有可能应使用活动隔板或隔离带进行隔离。

③穿戴好高压防护装备。

提示:高压操作前,维修人员必须穿戴好劳保用品,戴好绝缘手套,穿好高压绝缘鞋。在戴绝缘手套前,必须检查绝缘手套是否有破损的地方,确保手套无绝缘失效。

(2) 步骤二:北汽 EV200 动力蓄电池总成拆卸。

①选用 10mm 扳手拧松蓄电池负极线固定螺栓,取下负极线,并对负极端子做好防护,如图 3-16 所示。

图 3-16　拆卸辅助电池负极端子

注意事项:

a. 拆卸蓄电池负极前,必须确保点火开关处于关闭状态,并将车钥匙放在口袋。

b. 必须等待15min后方可进行下一步操作。
c. 拆卸高压零部件前,必须做好防护措施。
d. 拆卸高压零件时,必须使用绝缘工具。

②安装举升垫块,操作举升机将车辆举升至合适的高度。注意举升过程中注意举升安全。

③选用棘轮扳手、短接杆、10mm套筒拆卸动力蓄电池下护板9个固定螺栓,如图3-17所示。

④取出全部固定螺栓后取下护板,如图3-18所示。

图3-17 拆卸护板固定螺栓

图3-18 取下护板

⑤拆卸动力蓄电池低压控制线束插接器,如图3-19所示。
⑥拆卸动力蓄电池高压线束插接器,如图3-20所示。

图3-19 拆卸动力蓄电池低压控制线束插接器

图3-20 拆卸动力蓄电池高压线束插接器

⑦将动力蓄电池举升支架推入车辆底部、动力蓄电池正下方,如图3-21所示。

注意事项:

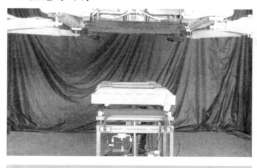

图3-21 将动力蓄电池举升支架推入车辆底部

a. 动力蓄电池举升支架放置的位置,必须在动力蓄电池正下方。

b. 动力蓄电池举升支架放置的位置,不能挡住需要拆卸的螺栓。

⑧锁止动力蓄电池举升支架滑动轮制动器,如图3-22所示。

注意事项:为防止在拆卸动力蓄电池时,动力蓄电池举升支架随意滑移,必须踩下两个滑动轮制动器。

⑨动力蓄电池举升支架调至合适的高度,将动力蓄电池托住,如图 3-23 所示。

图 3-22　锁止动力蓄电池举升支架滑动轮制动器

图 3-23　调节动力蓄电池举升支架高度至托住动力蓄电池

⑩选用棘轮扳手、接杆和 18mm 套筒,按顺序拆卸动力蓄电池总成 10 个固定螺栓,如图 3-24 所示。

⑪降下动力蓄电池举升支架与动力蓄电池。

(3)步骤三:动力蓄电池总成安装。

①将动力蓄电池置于动力蓄电池举升台架上,举升动力蓄电池至合适的高度,如图 3-25 所示。

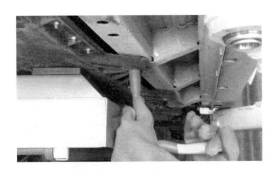

图 3-24　拆卸动力蓄电池总成固定螺栓

图 3-25　举升动力蓄电池至合适的高度

②检查动力蓄电池右后侧和左前侧定位销,是否安装到车辆下方的定位孔中,如图 3-26 所示。

图　3-26

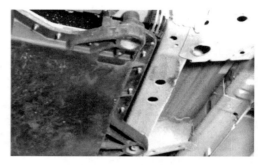

图 3-26 检查定位销是否到位

③再次举升动力蓄电池台架,使动力蓄电池与车架贴合,如图 3-27 所示。

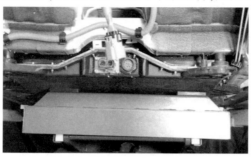

图 3-27 动力蓄电池台架与动力蓄电池贴合

④对角旋入动力蓄电池 10 个固定螺栓,如图 3-28 所示。

图 3-28 对角拧入固定螺栓

⑤使用扭力扳手、接杆、18mm 套筒按顺序紧固固定螺栓,拧紧力矩为 (95 ± 5) N·m,如图 3-29 所示。

图 3-29　按规定顺序紧固固定螺栓

⑥降下动力蓄电池举升台架，并将其推离放回原位，如图 3-30 所示。

⑦安装动力蓄电池高压线束插接器，并将高压线束互锁端口锁紧，如图 3-31 所示。

注意事项：在维修新能源汽车中，所有黄色高压线都有高压互锁装置，需互锁到位。

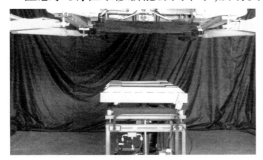 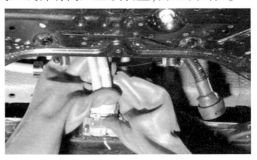

图 3-30　降下动力蓄电池举升台架　　　图 3-31　安装动力蓄电池高压线束插接器

⑧检查动力蓄电池高压线束，是否插接到位，如图 3-32 所示。

⑨安装动力蓄电池低压控制线束，并旋紧动力蓄电池低压控制线束插接器，如图 3-33 所示。

图 3-32　检查动力蓄电池高压线束是否插接到位　　　图 3-33　安装动力蓄电池低压控制线束

⑩检查动力蓄电池低压控制线束,是否插接到位。
⑪将举升的车辆降至地面。
⑫安装辅助蓄电池负极端子。
⑬收尾工作完成的内容:整理工位、整理工具、清洁工具、清洁工位。

评价与反馈

评价反馈表见表3-5。

评 价 反 馈 表　　　　　　　　　　　　表3-5

项目	评价标准	评价结果★★★★★	
		自评	互评
接收任务	明确工作任务,理解任务在企业工作中的重要程度		
信息收集	掌握工作相关知识及操作要点		
制订计划	(1)按照学习任务要求,制订合适的实施计划; (2)能协同小组人员安排任务分工		
任务实施	(1)能在实施前准备好所需要的工具器材及安全准备; (2)完成新能源汽车动力蓄电池总成拆装的实施计划; (3)完成新能源汽车动力蓄电池总成的拆装		
团队协作	团队成员积极参与,任务完成高效快捷		
沟通表达	(1)团队之间交流充分,各抒己见; (2)任务展示表述准确清晰		
职业素养	(1)未出现设备损坏和人员受伤; (2)5S管理规范; (3)行为举止文明有序		
自我反思 与改进			
教师总评			

知识拓展

锂离子蓄电池的基本特性如下。

1. 电池的电能

电池输出的电能 E 等于从电池中所能取出的电量(电流×时间)Q 与电池电压 U 的乘积,即:

$$E = Q \times U$$

在充电上限电压到放电下限电压的范围内放出的电量即为电池的容量。尽管提高上限电压将增加电池的容量,但是随着活性物质和电解液氧化还原反应的进行,一般会出现耐久性下降的倾向。多数情况下电池电压是用平均电压值来代替的，平均电压(额定电压)的定义是达到总电能 1/2 放电量时的电压值。例如，额定电压为 3.7V、公称容量为 2.4A·h 的 18650 规格(直径 18.3mm×65mm)的锂离子蓄电池的总能量为 8.9W·h，体积能量密度为 520W·h/L，质量为 44g 时的质量能量密度为 201W·h/kg。

2. 剩余电量的估算

关于电池的充电状态，多数以 SOC 形式来表示，SOC 采用剩余容量与设计容量的比率表示，充电时电量达到充满状态时即为 SOC 100%，放电容量与设计容量的比率采用放电深度(DOD)表示，DOD 和 SOC 的关系为：

$$DOD = 1 - SOC$$

对于一般电池的 SOC 和 DOD，多根据电压值进行估算，但是对于锂离子蓄电池而言，电压平坦域的具体观察将视不同的电极材料而定，有时难以根据电压来估算 SOC。

3. 小时率

一般情况下，充电时和放电时的电流值采用小时率(充/放电倍率)表示，假设某种电池在 1h 内以标称容量进行充电或放电时的电流值为 1C，那么第 10h 的电流值将为 0.1C，因此，电流值 1C 将随电池容量的改变而发生变化，在表示电池的充放电性能时会被频繁地使用，而电池的标称容量并不包括内电阻所产生的影响，因此，采用以 0.1C 以下的低倍率充电到上限电压并以同一倍率放电到终止电压时的容量表示。

4. 充放电性能

由于对锂离子电池进行过度充电和过度放电会对其安全性和循环寿命的保持带来不良的影响，因此附带保护电路。当从 SOC 0% 起开始充电时，一般采用先按恒定电流模式充电到上限电压，其后再在该模式下边降低电流边充电来防止发生过度充电的情况。为了缩短在恒定电流模式下的充电时间，有的情况下可以允许恒定电压在瞬间状态超过上限电压，并采用以矩形电流模式流动的脉冲充电方式进行充电。另外，通常放电是以恒定电流模式进行到达下限电压时为止。由于电池的内电阻会使电压以与电流成正比的速率下降，因此如图 3-34 所示，当采用较高的倍率进行放电时，电压和容量均会下降，而且电解液中离子的导电性在低温时会发生下降，以致引起内电阻增加，从而使电压和容量下降，如图 3-35 所示。

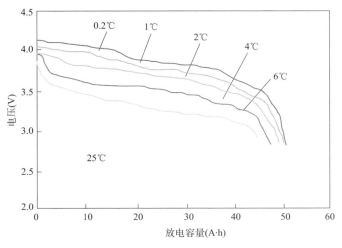

图 3-34　锂离子蓄电池放电容量与放电倍率关系

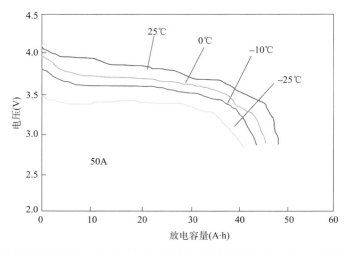

图3-35 锂离子蓄电池放电容量与温度关系

任务二 动力蓄电池组的检测与维修

学习目标

知识目标
1. 能描述动力蓄电池系统结构组成和功能；
2. 知道纯电动汽车动力蓄电池冷却系统结构组成；
3. 能叙述动力电磁管理系统工作模式；
4. 知道动力蓄电池管理系统常见的故障情况。

能力目标
1. 能正制订动力蓄电池系统检测实施方案；
2. 能正确操作诊断仪调取电池系统故障码和数据流等相关信息；
3. 能正确使用检测工具检测相关元件和电路,确认故障点。

建议课时
10 课时

 任务描述

某客户的一辆北汽 EV200 汽车出现无法行驶的故障,4S 店技术主管初步判断是蓄电池组出现故障,让你借助维修手册等资料,按照规范流程对动力蓄电池组进行检测,判断故障出现的位置,并进行检修,排除故障。

 信息收集

1. 动力蓄电池系统

(1) 动力蓄电池系统的构成和基本功能。

动力蓄电池系统是指驱动汽车以及混合动力汽车等电动汽车的电池、电池管理系统及附属装置等。其主要构成要素是动力蓄电池组(电池模块)、电池管理系统(BMS)、电池冷却系统、动力蓄电池组箱体。

图 3-36 所示是纯电动汽车动力蓄电池系统内部结构,电池组中包含了部分电源系统(安全保护零件类、维护插件等),含有使用高性能锂离子电池的电池组、保持电池在适当温度的冷却管路、防水结构的电池盘等。

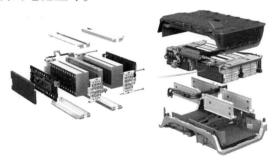

图 3-36 纯电动汽车动力蓄电池系统内部结构

动力蓄电池系统的基本功能有:
①储存驱动所用的电能;
②控制最佳行驶电池特性;
③确保电池相关的安全性、可靠性。
(2)电池管理系统的基本功能。
①电池管理系统的作用。电池管理系统(BMS)是电池保护和管理的核心部件,在动力蓄电池系统中,它的作用就相当于人的大脑。它不仅要保证电池安全可靠的使用,而且要充分发挥电池的能力和延长使用寿命,作为电池和整车控制器以及驾驶者沟通的桥梁,通过控制接触器控制动力蓄电池组的充放电,并向整车控制器(VCU)上报动力蓄电池系统的基本参数及故障信息。
②电池管理系统具备的功能。BMS 通过电压、电流及温度检测等功能实现对动力蓄电池系统的过电压、欠电压、过电流、过高温和过低温保护,继电器控制、SOC 估算、充放电管理、均衡控制、故障报警及处理、与其他控制器通信功能等功能;此外电池管理系统还具有高压回路绝缘检测功能,以及为动力蓄电池系统加热功能。

比亚迪 e5 动力蓄电池包(含 BMS 管理系统),最新磷酸铁锂动力蓄电池技术,总容量 653.4V65A·h(42.47kW·h),单体电池 3.3V65A·h,198 个串联;采用分布式电池管理系统,由 1 个电池管理控制器(BMC)和多个电池信息采集器(BIC)及 1 套动力蓄电池采样线组成;电池管理控制器的主要功能有充放电管理、接触器控制、功率控制、电池异常状态报警和保护、SOC/SOH 计算、自检以及通信功能等;电池信息采集器的主要功能有电池电压采样、温度采样、电池均衡、采样线异常检测等;动力蓄电池采样线的主要功能是连接电池管理控制器和电池信息采集器,实现二者之间的通信及信息交换,控制系统示意图如图 3-37 所示。
(3)动力蓄电池箱。
①动力蓄电池箱的作用。支撑、固定、包围电池系统的组件,主要包含上盖和下托盘,还有辅助元器件,如过渡件、护板、螺栓等,动力蓄电池箱有承载及保护动力蓄电池组及电气元件的作用。

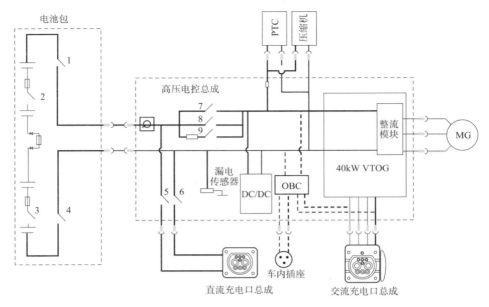

图 3-37　电池管理系统控制系统示意图

1-正极接触器;2-电池包分压接触器 1;3-电池包分压接触器 2;4-负极接触器 1;5-直流充电正极接触器;6-直流充电负极接触器;7-主接触器;8-交流充电接触器;9-预充接触器

②动力蓄电池箱的技术要求。电池箱体螺接在车身地板下方,其防护等级为 IP67,螺栓拧紧力矩为 80~100N·m。整车维护时需观察电池箱体螺栓是否有松动,电池箱体是否有破损严重变形,密封凸缘是否完整,确保动力蓄电池可以正常工作。

③动力蓄电池箱的外观要求。

动力蓄电池箱体外表面颜色要求为银灰或黑色,亚光;电池箱体表面不得有划痕、尖角、毛刺、焊缝及残余油迹等外观缺陷,焊接处必须打磨圆滑。

④辅助元器件。

辅助元器件主要包括动力蓄电池系统内部的电子电器元件,如熔断器、继电器、分流器、接插件、紧急开关、烟雾传感器等,维修开关以及电子电器元件以外的辅助元器件,如密封条、绝缘材料等。

接触器位于线束和继电器模块内,用于控制高电压的通断。当接触器闭合时,高电压自电池组输出到车辆动力系统,接触器断开后,高电压保存在电池组内。

2. 纯电动汽车动力蓄电池冷却系统

(1)动力蓄电池的发热原因。

动力蓄电池作为电动汽车的动力能源,其充电、做功的发热一直阻碍着电动汽车的发展。动力蓄电池的性能与电池温度密切相关。40~50℃的高温会明显加速电池的衰老,更高的温度(如 120~150℃)则会引发电池热失控。

以下以镍氢蓄电池为例,介绍动力蓄电池发热的原因。

镍氢蓄电池电化学反应原理决定了镍氢蓄电池在充放、电过程中的生热。生热因素主要有 4 个:电池化学反应生热、电池极化生热、过充电副反应生热以及内阻焦耳热。

(2)动力蓄电池冷却系统的作用。

动力蓄电池组的工作状态包括:

①电池组在充放电时会释放一定的热量,故需要对电池组进行冷却。
②在低温环境下,需要对电池组进行加热处理,以提高运行效率。

动力蓄电池组采用冷却系统的作用是通过对动力蓄电池组冷却或加热,保持动力蓄电池组较佳的工作温度,以改善其运行效率并提高电池组的寿命。图3-38 所示是动力蓄电池组的热管理系统示意图,热管理系统可以根据需要对电池组进行冷却或加热。

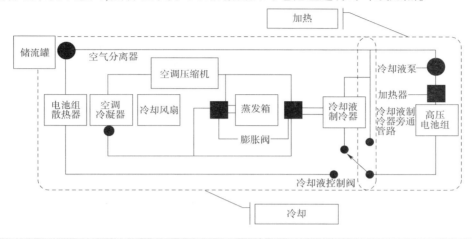

图3-38　动力蓄电池组热管理系统组成示意图

(3) 动力蓄电池冷却系统的冷却形式及组成。

除了极少数车型没有采用冷却系统以外,目前应用在动力蓄电池上的冷却方式有水冷和风冷两种。

①水冷动力蓄电池冷却系统。水冷动力蓄电池冷却系统结构如图3-39 所示,主要部件包括散热器、膨胀壶、电子水泵、VCU(或HPCM2,混合动力车型)、冷却液控制阀、加热器和冷却管路等。

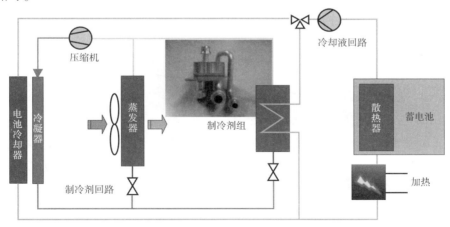

图3-39　水冷式动力蓄电池冷却系统

水冷动力蓄电池冷却系统优点是:电池平均能量效率高;电池模块结构紧凑;冷却效果优异;能集成电池加热组件,解决了在环境温度很低的情况下,加热电池的问题。

缺点是:系统复杂,多了很多部件,如水泵、阀、低温水箱,成本增加。

②风冷动力蓄电池冷却系统。风冷动力蓄电池冷却系统结构如图3-40 所示。

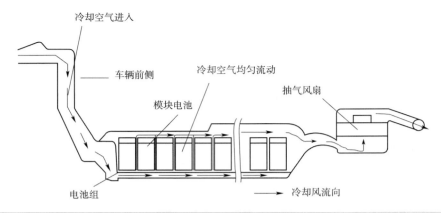

图 3-40　纯电动汽车电池组风冷系统结构

冷却空气在动力蓄电池模块中的流动有串行、并行通风等几种方式。

串行通风结构：风冷电池模块采用图 3-41 所示的串行通风结构。

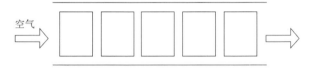

图 3-41　电池模块串行通风示意图

在该散热模式下，冷空气从左侧吹入从右侧吹出。空气在流动过程中不断地被加热，所以右侧的冷却效果比左侧要差，电池箱内电池组温度从左到右依次升高。目前该技术应用在第一代丰田 Prius 等车型。

并行通风结构：并行通风结构如图 3-42 所示。

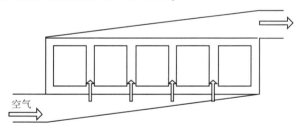

图 3-42　电池模块并行通风示意图

并行通风方式可以使得空气流量在电池模块间更均匀地分布。需要对进排气通道、电池布置位置进行很好的设计。其楔形的进排气通道使得不同模块间缝隙上下的压力差基本保持一致，确保吹过不同电池模块的空气流量的一致性，从而保证了电池组温度场分布的一致性。

3. 动力蓄电池管理系统

动力蓄电池管理系统可工作于下电模式、准备模式、放电模式、充电模式和故障模式 5 种工作模式。

①下电模式。下电模式是整个系统的低压与高压处于不工作状态的模式。在下电模式下，动力蓄电池管理系统控制的所有高压接触器均处于断开状态；低压控制电源处于不供电状态。下电模式属于省电模式。

②准备模式。在准备模式下，系统所有的接触器均处于未吸合状态。在该模式下，系统可接受外界的点火开关、整车控制器、电机控制器、充电插头开关等部件发出的硬线信号或受 CAN 报文控制的低压信号来驱动控制各高压控制器，从而使动力蓄电池管理系统进入所需工作模式。

③放电模式。动力蓄电池管理系统监测到点火开关的高压上电信号（Key-ST 信号）后，系统首先闭合 B－接触器，由于电机是感性负载，为防止过大的电流冲击，B－接触器闭合后即闭合预充接触器进入预充电状态；当预充电两端电压达到母线电压的 90% 时，立即闭合 B＋接触器并断开预充电接触器进入放电模式。

④充电模式。动力蓄电池管理系统检测到充电唤醒信号（Charge Wake Up）时，系统即进入充电模式。在该模式下，B－接触器与车载充电器接触器闭合，同时为保证低压控制电源持续供电，直流转换器接触器仍需处于工作状态。在充电模式下，系统不响应点火开关发出的任何指令，充电插头提供的充电唤醒信号可作为充电模式的判定依据。

⑤故障模式。故障模式是控制系统中常出现的一种状态。由于车用动力蓄电池的使用关系用户的人身安全，因而系统对于各种相应模式总是采取"安全第一"的原则。动力蓄电池管理系统对于故障的响应还需要根据故障等级而定，当其故障级别较低时，系统可采取报错或者发出报警信号的方式告知驾驶员；而当故障级别较高，甚至伴随有危险时，系统将采取断开高压接触器的控制策略。

4. 动力蓄电池管理系统故障

（1）仪表板故障指示灯解读。

动力蓄电池管理系统（BMS）出现故障时，仪表板通常会点亮故障指示灯，相关的指示灯含义见表 3-6。

仪表板动力蓄电池和充电系统故障指示灯　　　　表 3-6

图标	颜色	含义	说明
（充电插头图标）	黄色	动力蓄电池充电提醒（电量不足报警）	点火，当电量低于 30%，动力蓄电池充电提醒灯点亮。高于 35%，动力蓄电池充电提醒灯熄灭
HV！	红色	动力蓄电池故障	点火状态下，动力蓄电池故障
HV（禁止）	红色	动力蓄电池切断	点火状态下，动力蓄电池切断
（充电线图标）	红色	充电线连接	充电线连接（充电口盖开启）
－/＋ HV	红色	动力蓄电池绝缘电阻低	点火状态下，动力蓄电池绝缘电阻低

关于动力蓄电池故障，在仪表上只显示动力蓄电池故障、动力蓄电池绝缘故障及动力蓄电池系统断开三种故障信息。

（2）动力蓄电池管理系统故障级别分类。

根据故障对整车的影响，动力蓄电池管理系统故障划分为三个等级。

①一级故障(非常严重)。动力蓄电池上报该故障一段时间后会造成整车出现安全事故,如起火、爆炸、触电等。动力蓄电池在正常工作下不会上报该故障,BMS 一旦上报该故障表明动力蓄电池处于严重滥用状态。

②二级故障(严重)。动力蓄电池上报该故障会造成整车进入跛行、暂时停止能量回馈、停止充电。动力蓄电池正常工作下不会上报该故障,BMS 一旦上报该故障表明动力蓄电池某些硬件出现故障或动力蓄电池处于非正常工作的条件下。

③三级故障(轻微)。动力蓄电池上报该故障对整车无影响或不同程度的造成整车进入限功率行驶状态。动力蓄电池正常工作状态可能上报该故障,BMS 一旦上报该故障表明动力蓄电池处于极限环境温度下或单体电池一致性出现一定劣化等。

(3)动力蓄电池管理系统故障级别的名称和故障码。

不同级别的故障,有对应的故障名称、故障码以及对整车的影响。各故障级别中,相同的故障名称,根据故障程度级别不同,以不同故障码区分。另外,不同批次车辆,相同的故障名称不同故障码,以诊断仪显示的故障码和解释为准。

①一级故障名称和故障码对照表。一级故障名称和故障码对照表见表3-7。

一级故障名称和故障码对照表　　　　　　　表 3-7

故障名称	故障码	对整车的影响
单体电压过电压	P0004	行车模式:电池放电电流降为0,断高压,无法行车; 车载充电:请求停止充电/停止加热,主正、主负继电器断开; 直流快充:BMS 发送终止充电,主正、主负继电器断开
电池外部短路 (放电过电流)	P0006	
温度过高	P0007	
电池内部短路	P0014	

②二级故障名称和故障码对照表。二级故障名称和故障码对照表见表3-8。

二级故障名称和故障码表　　　　　　　表 3-8

故障名称	故障码	对整车的影响
单体电压欠电压	P0269	行车模式:限功率至放电电流25A
BMS 内部通信故障	P0279	行车模式:限功率至放电电流25A,"最大允许充电电流"调整为0; 充电模式:发送请求停止充电,如果上报故障后2s内未收到响应,BMS 主动断开高压继电器或加热继电器
BMS 硬件故障	P0284	
BMS 与车载充电机 通信故障	P0283	车载充电模式:请求停止充电,或请求停止加热,如果上报故障后 2s内未收到响应,BMS 主动断开高压继电器或加热继电器
温度过高	P0258	行车模式:限功率至放电电流25A,"最大允许充电电流"调整为0
绝缘电阻过低	P0276	行车模式:限功率至放电电流25A,"最大允许充电电流"调整为0; 充电模式:发送请求停止充电,如果上报故障后2s内未收到响应,BMS 主动断开高压继电器或加热继电器
加热元件故障	P0281-1	充电模式:请求停止加热,如果上报故障后2s内未收到响应,BMS 主动断开加热继电器

③三级故障名称和故障码对照表。三级故障名称和故障码对照表见表3-9。

三级故障名称和故障码对照表　　　　　　　　　　　　　表 3-9

故障名称	故障码	对整车影响	恢复条件
温度过高故障	P1043	行车模式:放电功率降为当前状态的50%	
绝缘电阻过低	P1047	上报不处理	
电压不均衡	P1046	行车模式:放电功率降为当前状态的40%	重新上电
单体电压欠电压	P1040		
温度不均衡	P1045	上报不处理	
放电过电流	P1042	行车模式:放电功率降为当前状态的50%	

制订计划

通过学习电池控制系统的组成和控制原理,根据电池控制系统出现各种故障的现象分析,制订电池控制系统检修计划,利用检测设备检测电池控制系统的故障,并进行修复。任务实施计划见表3-10。

任务实施计划　　　　　　　　　　　　　　　　　　　　　表 3-10

序号	作业项目	操作要点
1	诊断检测作业前检查及车辆防护	工具、设备、环境及人员安全防护
2	新能源汽车故障诊断仪读取故障码及数据流	设备使用及数据分析
3	根据现象和读取数据推断分析	控制机制推理分析
4	整车低压故障排查	低压供电、通信故障等排除

任务实施

1. 实施准备

任务实施准备内容见表3-11。

任务实施准备内容　　　　　　　　　　　　　　　　　　　表 3-11

序号	项目	内容
1	实训环境	新能源汽车维修实训室
2	防护装备	车内外三件套,绝缘防护装备
3	实训车辆	北汽新能源EV2000(或其他纯电动车辆一辆)
4	专用工具	诊断线束工具套件、故障诊断仪、充电器、绝缘拆装组合工具、举升机等
5	专业设备	充电装置
6	辅助材料	新能源汽车随车手册、维修手册、警示标示等

2. 作业安全

作业安全要求见表3-12。

作业安全要求　　　　　　　　　　　　　　　　　　　　　表 3-12

序号	内容
1	实训开始前应摘掉饰品,换上实训服,长头发应挽起固定于脑后
2	整车实训时确保点火开关处于Lock位置,操作另有要求除外

续上表

序　号	内　　容
3	就车工作时,应施加驻车制动,除非特定操作要求置于其他挡位
4	举升车辆时按照规范进行,避免发生意外事故
5	工具使用后,应清洁并归还原处
6	严格按照标准完成维修作业前准备工作,注意高压安全防护及车辆整洁维护
7	故障诊断排查坚持"安全第一"原则,严禁私自拉接线束、短路连接等违规操作
8	严格按照步骤进行诊断检测,严禁使用尖锐工具暴力拆卸接插件、针脚等
9	保证教学安全性,严禁在车辆行驶的条件下进行 BDS 诊断软件的测试
10	爱护诊断、测量工具及设备,轻拿轻放,严禁磕碰及违规使用
11	严格遵守实训室规定的安全注意事项和操作流程

3. 操作步骤

(1)步骤一:检查前的准备。

①维修作业前现场环境准备。主要检查绝缘垫,设立隔离柱,布置警戒线,张贴警示牌等。

②维修作业前防护用具准备。主要检查绝缘手套和绝缘鞋的绝缘技术参数是否合格,是否有损坏现象,检查护目镜、安全帽有无损坏和性能是否正常。

③维修作业前仪表工具检查。主要检查工具设备是否齐全,是否摆放规范,对绝缘万用表、绝缘工具箱、放电工装外观及性能进行检查。

④维修作业前实施车辆防护。作业前铺设翼子板防护垫、汽车维修三件套、脚垫等防护用品。

(2)步骤二:新能源汽车故障诊断仪读取故障码及数据流。

①确认故障现象,将初步检查与诊断情况记录在表 3-13 中。

初步检查与诊断记录表　　　　　　　　　表 3-13

项　目	状　态	项　目	状　态
点火钥匙位置	□Start　□On　□Acc　□Lock	续航里程	km
READY 指示灯	□熄灭　□点亮	动力蓄电池电压值	V
挡位情况	□R　□N　□D　□E	能量回收	□正常　□关闭
仪表现象			

②检查蓄电池电压是否正常,检查前万用表要校零,如图 3-43 所示。测量方法如图 3-44 所示,测量电压值填入表 3-13 中。

图 3-43　万用表校零

图 3-44　测量蓄电池电压

③组装新能源汽车故障诊断仪,并将诊断仪连接至汽车诊断座上,如图 3-45 所示。
④安装维修开关,进行整车上电操作。

 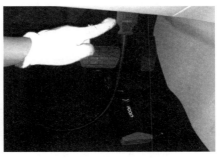

图 3-45　组装连接故障诊断仪

⑤按照诊断仪操作提示进入诊断程序(图 3-46),读取故障码,将故障码记录在表 3-14 中。

图 3-46　部分诊断流程控制面板

故障码记录表　　　　　　　　　　　　　　　　　　　　　　　　　　表 3-14

故　障　码	故障码说明

⑥按照诊断仪操作提示进入读取数据流程序,读取相关数据流,将相关数据流信息记录在表 3-15 中。

相关数据流记录表　　　　　　　　　　　　　　　　　　　　　　　　表 3-15

项　　目	数　　值	单　　位	判　　断

⑦根据控制原理、电路图及故障现象确认结果进行分析判断,分析可能出现的故障原因,将分析情况记录在表 3-16 中。

故障原因记录表 表3-16

故障原因1	
故障原因2	
故障原因3	
故障原因4	

⑧检查VCU、MCU低压供电及运行唤醒情况，将数据记录在表3-17中。

对怀疑部件及电路检查记录表 表3-17

项目	状态	
VCU电源熔断丝FB16	□正常	□熔断
VCU电源熔断丝FB17	□正常	□熔断
VCU电源熔断丝FB10：	□正常	□熔断
上电检查VCU1脚与2脚电压	V	
上电检查VCU1脚与24脚电压	V	
结果分析：		

检查相关电路如图3-47～图3-50所示，也可以翻阅维修手册，查看相关电路图。

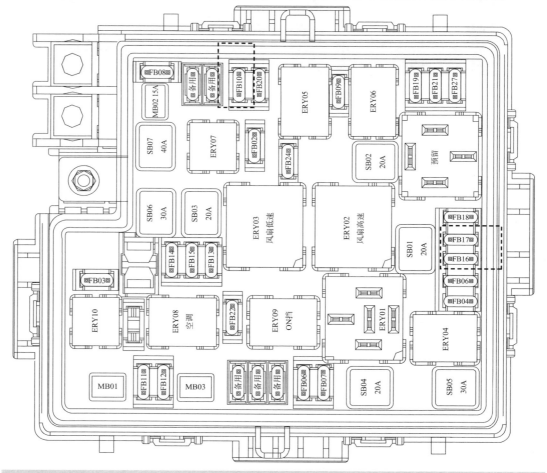

图3-47 电源熔断丝位置

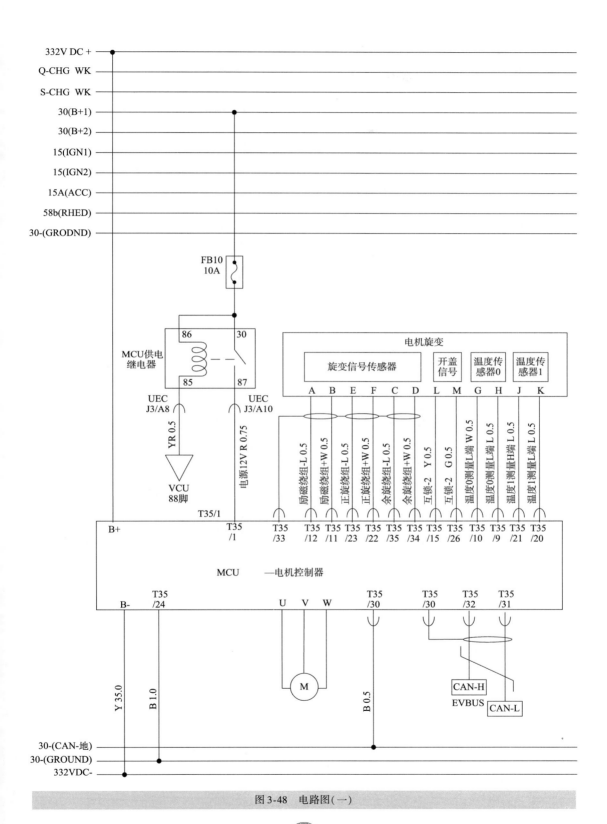

图 3-48 电路图（一）

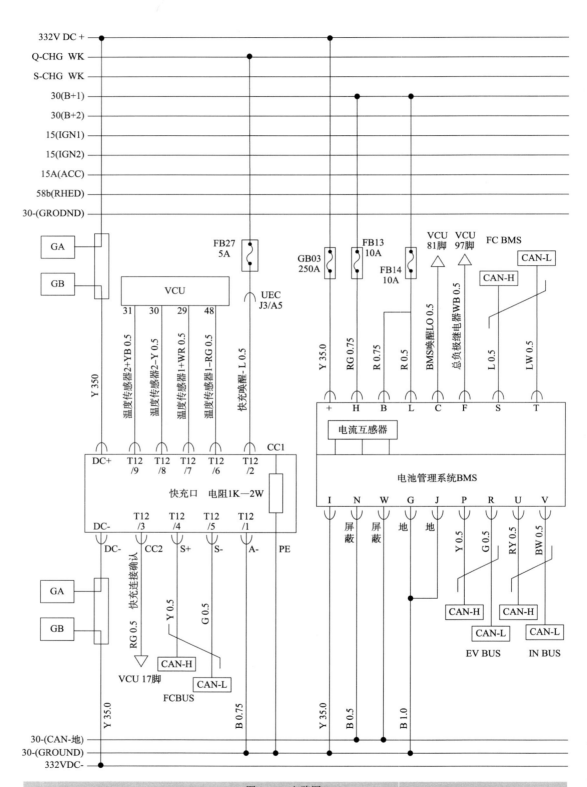

图 3-49 电路图(二)

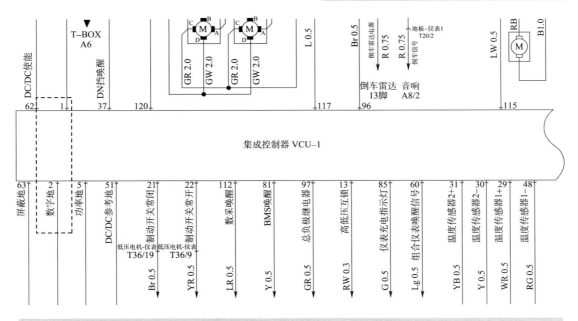

图 3-50　电路图(三)

a. 拔下 VCU 电源熔断丝 FB16,测量熔断丝的两个针脚,记录检查情况。

b. 拔下 VCU 电源熔断丝 FB17,测量熔断丝的两个针脚,记录检查情况。

c. 拔下 VCU 电源熔断丝 FB10,测量熔断丝的两个针脚,记录检查情况。

d. 上电检查 VCU1 脚与 2 脚电压,记录检查情况。

e. 上电检查 VCU1 脚与 24 脚电压,记录检查情况。

⑨检查新能源汽车 CAN 线主要部件阻值是否正常,将检查结果记录在表 3-18 中。

a. 测量 MCU31 脚与 32 脚的阻值,记录检查情况。

b. 测量 VCU104 脚与 111 脚阻值,记录检查情况。

c. 测量 EAS1 脚与 2 脚阻值,记录检查情况。

d. 测量 Pack 低压插件 P 脚与 R 脚阻值,记录检查情况。

CAN 线主要部件阻值测量记录表　　　　表 3-18

项　　目	状　　态
MCU31 脚与 32 脚的阻值	Ω
VCU104 脚与 111 脚阻值	Ω
EAS1 脚与 2 脚阻值	Ω
Pack 低压插件 P 脚与 R 脚阻值	Ω
结果分析:	

⑩检查新能源汽车 CAN 线线路是否存在短/断路现象,将检查结果记录在表 3-19 中。

a. 测量 MCU31 脚与 32 脚阻值,记录检查情况。

b. 测量 Pack 低压插件 P 脚与 R 脚阻值,记录检查情况。

c. 测量 Pack 低压插件 R 脚与 MCU31 脚阻值,记录检查情况。

d. 测量 Pack 低压插件 P 脚与 MCU32 脚阻值,记录检查情况。

CAN 线线路检查记录表　　　　　　　　　　　　　　表 3-19

项　目	状　态
MCU31 脚与 32 脚阻值	Ω
Pack 低压插件 P 脚与 R 脚阻值	Ω
Pack 低压插件 R 脚与 MCU31 脚阻值	Ω
Pack 低压插件 P 脚与 MCU32 脚阻值	Ω
结果分析：	

⑪线路连接。

⑫完成上电操作,利用新能源汽车诊断仪再次进入诊断系统,读取故障码和数据流,清除故障码,系统恢复正常。

评价与反馈

评价反馈表见表 3-20。

评　价　反　馈　表　　　　　　　　　　　　　　表 3-20

项　目	评 价 标 准	评价结果 ★★★★★	
		自评	互评
接收任务	明确工作任务,理解任务在企业工作中的重要程度		
信息收集	掌握工作相关知识及操作要点		
制订计划	(1)按照学习任务要求,制订合适的实施计划; (2)能协同小组人员安排任务分工		
任务实施	(1)能在实施前准备好所需要的工具器材及安全准备; (2)完成新能源汽车动力蓄电池组检测实施计划; (3)完成新能源汽车动力蓄电池系统故障码、数据流的读取与分析; (4)完成新能源汽车动力蓄电池系统元件与电路的检测		
团队协作	团队成员积极参与,任务完成高效快捷		
沟通表达	(1)团队之间交流充分,各抒己见; (2)任务展示表述准确清晰		
职业素养	(1)未出现设备损坏和人员受伤; (2)5S 管理规范; (3)行为举止文明有序		
自我反思 与改进			
教师总评			

知识拓展

常用的动力蓄电池性能指标的检测方法,包括:荷电状态(SOC)、内阻、容量、循环寿命、一致性等检测方法。

1. SOC 状态检测

电池的荷电状态(SOC)被用来反映电池的剩余容量状况,这是目前国内外比较统一的认识,其数值上定义为电池剩余容量占电池容量的比值。

荷电状态(SOC)是动力蓄电池重要的技术参数,只有准确知道电池的荷电状态,才能更好地使用电池。因为电池组的 SOC 和很多因素相关且具有很强的非线性,从而给 SOC 实时在线估算带来很大的困难,还没有一种方法能十分准确地测量电池的荷电状态。目前主要的测量方法有以下几种:开路电压法、按时积分法、内阻法等。

(1)开路电压法。

利用电池的开路电压与电池的 SOC 的对应关系,通过测量电池的开路电压来估计 SOC。开路电压法比较简单,但是,开路电压法适用于测试稳定状态下的电池 SOC,不能用于动态的电池 SOC 估算。

(2)按时积分法。

按时积分法是通过负载电流的积分估算 SOC,该方法实时测量充入电池和从电池放出的电量,从而能够给出电池任意时刻的剩余电量。实现起来较简单,受电池本身情况的限制小,宜于发挥实时监测的优点,简单易用、算法稳定,成为目前电动汽车上使用最多的 SOC 估算方法,其估算模型如图 3-51 所示。

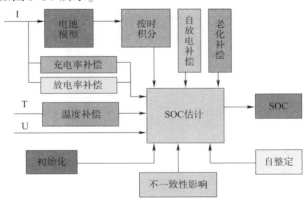

图 3-51 按时积分法常规估算模型

(3)内阻法。

电池的 SOC 与电池的内阻有一定的联系,可以利用电池内阻与 SOC 的关系来预测电池的荷电状态。图 3-52 所示是电池内阻测试仪。

2. 内阻检测

内阻是电池最为重要的特性参数之一,绝大部分老化的电池都是因为内阻过大而造成无法继续使用。通常电池的内阻阻值很小,一般用毫欧来度量它。不同电池的内阻不同,型号相同的电池由于各电池内部的电化学性能不一致,所以内阻也不同。对于电动汽车动力蓄电池而言,电池的放电倍率很大,在设计和使用过程中尽量减小电池的内阻,确保电池能

图3-52 电池内阻测试仪

够发挥其最大功率特性。

锂离子蓄电池的内阻不是固定不变的常数,而是在使用过程中主要受荷电状态(SOC)和温度等因素的影响。

内阻测量是一个比较复杂的过程,目前主要有两种方法,即直流放电法和交流阻抗法。

(1)直流放电法。

直流放电法是对蓄电池进行瞬间大电流放电(一般为几十到上百安培),然后测量电池两端的瞬间压降,再通过欧姆定律计算出电池内阻。图3-53所示为直流放电测试仪。

(2)交流阻抗法。

交流阻抗法是一种以小幅值的正弦波电流或者电压信号作为激励源,注入蓄电池,通过测定其响应信号来推算电池内阻。该方法的优点在于用交流法测量时间较短,不会因大电流放电对电池本身造成太大的损害。

3. 容量检测

电池容量是指在一定条件下(包括放电率、环境温度、终止电压等),供给电池或者电池放出的电量,即电池存储电量的大小,是电池另一个重要的性能指标。容量通常以安培·小时数(A·h)或者瓦特·小时数(W·h)表示。A·h容量是国内外标准中通用容量表示方法,延续电动汽车电池中概念,表示一定电流下电池的放电能力,常用于电动汽车电池。图3-54所示是电池容量测试仪与测试方法。

图3-53 直流放电测试仪

图3-54 电池容量测试仪与测试方法

项目四　驱动电机及控制系统检修

驱动电机系统是纯电动汽车三大核心部件之一,是车辆行驶的主要执行机构,其特性决定了车辆的主要性能指标,直接影响车辆动力性、经济性和用户驾乘感受。本项目的主要内容为驱动电机与驱动电机系统的组成、工作原理、常见故障检修,分为两个学习任务。

任务一　驱动电机拆装与检测
任务二　电机控制系统故障检修

通过两个任务的学习,在教师的指导下,通过小组合作,参照资料能说出新能源车电机控制系统的结构及工作原理,根据维修规范利用专业设备能够对电机电控系统进行拆卸、安装和电机控制系统常见故障检修。

任务一　驱动电机拆装与检测

学习目标

知识目标
1. 能说出驱动电机的作用及类型;
2. 能说出永磁同步电机的组成与工作原理;
3. 能叙述驱动电机冷却系统的控制策略。

能力目标
1. 能规范完成驱动电机总成的拆装;
2. 能够识别驱动电机外部端口;
3. 根据维修规范利用专业设备能够对驱动电机进行基本测试。

建议课时
12 课时

任务描述

车主反映驾驶两个月的荣威 E50,出现电机不转的故障,但汽车仪表板上却显示正常。经分析出现此故障原因可能是电机损坏,需对驱动电机进行检测与更换。

信息收集

1. 驱动电机的作用及要求

目前新能源汽车驱动电机主要为集中式结构(图 4-1),是将电能与机械能相互转换的一种电力元器件,其作用是在驾驶员的控制下,高效率地将蓄电池的电量转化为车轮的动能,或者将车轮的动能反馈到蓄电池中。

图 4-1 集中式驱动电机

新能源汽车驱动电机的基本要求有以下几点:
(1)电机结构紧凑、尺寸小、质量轻,以便于布置和减轻车辆的整体质量。
(2)可靠性高、失效模式可控,以保证乘车者的安全。
(3)提供精确的力矩控制,动态性能较好。
(4)效率高,功率密度较高。要保证在较宽的转速和转矩范围内都有很高的效率,以降低功率损耗,提高一次充电的续航里程。
(5)调速范围宽。应包括恒转矩区和恒功率区,低速运行输出的恒定转矩大,以满足汽车快速起动、加速、负荷爬坡等要求;高速运行输出恒定功率,有较大的调速范围,以满足平坦的路面、超车等高速行驶的要求。
(6)瞬时功率大,过载能力强。要保证汽车具有 4~5 倍的过载能力,以满足短时内加速行驶与最大爬坡的要求。
(7)环境适应性好。要适应汽车本身行驶的不同区域环境,即使在较恶劣的环境中也能够正常工作,具有良好的耐高温、耐潮湿性能。
(8)制动再生效率高。在汽车减速时,能够实现反馈制动,将能量回收并反馈回电池,使得电动汽车具有最佳能量利用率。
(9)其他。结构简单,价格低廉,适合大批量生产,运行时噪声低,使用维修方便。

2. 驱动电机的类型

新能源汽车经常采用的驱动电机有直流电机、异步电机、永磁同步电机和开关磁阻电机四类,性能特征见表 4-1。

驱动电机类型及性能特征　　　　　　　　　　　　　　　　表 4-1

参　　数	直流电机	异步电机	永磁同步电机	开关磁阻电机
功率密度	低	中	高	较高
转矩特性	一般	好	好	好
转速范围(r/min)	4000~6000	9000~15000	4000~10000	>15000
功率因素	—	82~85	90~93	60~65
峰值效率(%)	85~89	94~95	95~97	85~90
负荷效率(%)	80~87	90~92	85~97	78~86
过载能力(%)	200	300~500	300	300~500

续上表

参　数	直流电机	异步电机	永磁同步电机	开关磁阻电机
电机尺寸/质量	大/重	中/中	小/轻	小/轻
可靠性	差	好	优良	好
结构坚固性	差	好	一般	优良
控制操作性能	最好	好	好	好
控制器成本	低	高	高	一般

（1）永磁同步电机是指在制造电机转子时加入永磁体（图4-2），使电机的性能得到进一步提升。而所谓同步，则指的是转子的转速与定子绕组的电流频率始终保持一致。因此，通过控制电机的定子绕组输入电流频率，电动汽车的车速将最终被控制。

与其他类型的电机相比较，永磁同步电机最大优点就是具有较高的功率密度与转矩密度，即在相同质量与体积下，永磁同步电机能够为新能源汽车提供最大的动力输出与加速度。

但是，它也有自身的缺点：转子上的永磁材料在高温、振动和过电流的条件下，会产生磁性衰退的现象，使得电机容易发生损坏。

应用车型：比亚迪秦、比亚迪宋DM、宋EV300、北汽EV系列、腾势400、众泰E200、荣威ERX5等。

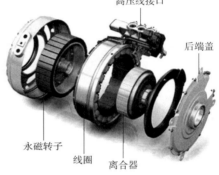

图4-2　永磁式电机结构

（2）异步电机由转子铁芯、转子绕组、转轴和风扇等部分组成，如图4-3所示。转子绕组不是由绝缘导线绕制而成，而是铝条或铜条与短路环焊接而成或铸造而成的三相异步电机称为笼型电机。

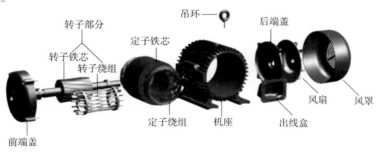

图4-3　三相笼型异步电机的组成

异步电机优点是成本低、工艺简单、运行可靠耐用、维修方便，而且能忍受大幅度的工作温度变化。尽管在质量和体积方面，异步电机并不占优势，但其转速范围广泛以及高达20000r/min左右的峰值转速，即使不匹配二级差速器也能够满足该级别车型高速巡航的转速需求。

应用车型：特斯拉Model S、Modle X、江铃E200、江铃E100、江铃E160、众泰云100S、芝麻E30等。

（3）开关磁阻电机作为一种新型电机，相比其他类型的驱动电机而言，它的结构最为简单，定子、转子均为普通硅钢片叠压而成的双凸极结构（图4-4），转子上没有绕组，定子装有

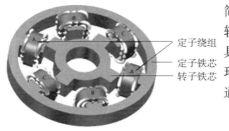

图 4-4 开关磁阻电机的组成

简单的集中绕组,具有结构简单坚固、可靠性高、质量轻、成本低、效率高、温升低、易于维修等优点。而且它具有直流调速系统可控性好的优良特性,适用于恶劣环境,但控制系统设计相对复杂,运行噪声较大,未来通过技术优化将广泛应用于电动汽车领域。

3. 驱动电机工作原理

驱动电机主要由定子和转子两大部分组成。以永磁同步电机为例,在电机的定子绕组中通入三相电流,定子绕组就会形成旋转磁场,由于在转子上安装了永磁体,永磁体的磁极是固定的,根据磁极的同性相斥异性相吸原理,在定子中产生的旋转磁场会带动转子进行旋转,最终使转子的旋转速度与定子中产生的旋转的转速相等,如图4-5所示。

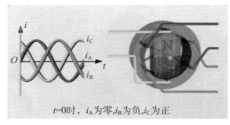

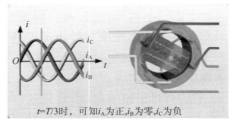

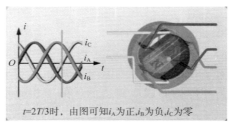

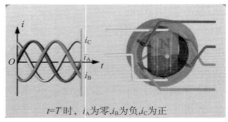

图 4-5 驱动电机工作原理示意图

4. 驱动电机传感器

驱动电机工作时依靠内置传感器来提供电机的工作信息,这些传感器包括:

(1) 旋转变压器。

旋转变压器(Resolver)简称旋变,是一种电磁式传感器,由定子和转子组成,转子固定于驱动电机转轴上,同步旋转,如图4-6所示。

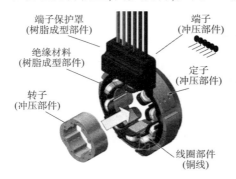

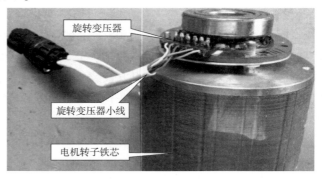

图 4-6 旋转变压器

旋转变压器包含三个绕组,即一个转子绕组和两个定子绕组。转子绕组随电机旋转,定子绕组位置固定且两个定子互为90°角,如图4-7所示。定子绕组作为变压器的一次绕组,接受励磁电压。转子绕组作为变压器的二次绕组,通过电磁耦合作用得到感应电压。电机控制器对输出信号进行模数转换,计算获知电机转速。

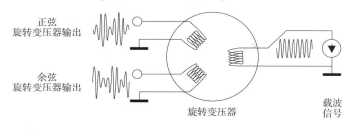

图4-7 旋转变压器及其相关信号

(2)温度传感器。

电机温度传感器采用PT1000型热敏电阻,温度在0℃时阻值为100Ω,温度每增加1℃阻值增加3.8Ω。其作用是检测电机定子绕组的温度,并提供散热风扇启动的信号之一。

5. 驱动电机冷却系统

电机在驱动与回收能量的工作过程中,定子铁芯和定子绕组在运动过程中都会产生损耗,这些损耗以热量的形式向外发散,需要有效的冷却介质及冷却方式来带走热量,保证电机在一个稳定的冷热循环平衡的通风系统中安全可靠运行。

电动汽车驱动电机与控制器的冷却系统主要依靠冷却水泵带动冷却液在冷却管道中循环流动,通过在散热器的热交换等物理过程,冷却液带走电机与控制器产生的热量。为使散热器热量散发更充分,通常还在散热器后方设置风扇。图4-8所示为广汽传祺AG新能源汽车驱动电机水冷式冷却系统。

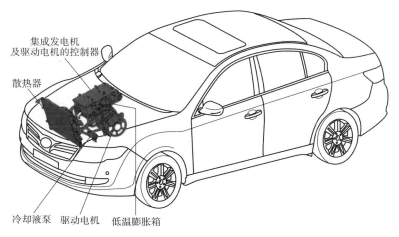

图4-8 广汽传祺AG新能源汽车驱动电机冷却系统

整车控制器通过温度传感器采集电机控制器的温度、电机的温度、散热器出口温度以及一些CAN总线信息,再经过控制器的优化处理后得到控制风扇的控制量,从而使得冷却风扇输出合适的控制量,对散热器中的冷却液进行降温,保证冷却系统既得到好的控制效果又节约能量,最终使电机在合适的温度下工作。图4-9所示为北汽EV200冷却系统控制原理图,其控制策略如下。

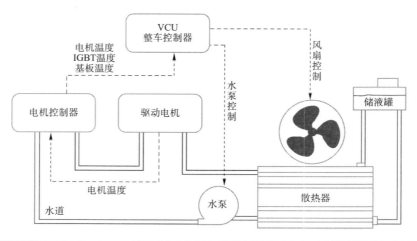

图 4-9　EV200 冷却系统控制原理图

（1）水泵控制：起动车辆时电动水泵开始工作（即仪表显示 READY），新车型在电机温度达到设定的起动冷循环温度水泵才开始工作。

（2）电机温度控制：当控制器监测到驱动电机：45℃≤温度＜50℃时冷却风扇低速起动；温度≥50℃时，冷却风扇高速起动；温度降至 40℃时冷却风扇停止工作；120℃≤温度＜140℃时，降功率运行；温度≥140℃时，降功率至 0，即停机。

（3）电机控制器温度控制：当控制器监测到散热基板温度≥75℃时，冷却风扇低速起动；温度≥80℃时，冷却风扇高速起动；温度降至 75℃时冷却风扇停止工作；温度≥85℃时，超温保护，即停机。当控制器监测到散热基板温度为：75℃≤温度≤85℃时，降功率运行。

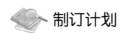制订计划

根据新能源汽车结构认识要求，制订北汽新能源 EV 驱动电机总成的拆装与检测的实施计划（表 4-2）。

任务实施计划　　　　　　　　　　　　　　　　　表 4-2

序　号	作 业 项 目	操 作 要 点
1	维修作业前检查及安全防护	人员防护及车辆场地准备
2	冷却系统部件外观检查	动力系统结构组成 冷却水管位置及接口检查
3	驱动电机外观认知	驱动电机外观及端口认知
4	驱动电机拆卸	驱动电机拆卸操作顺序及规范
5	驱动电机安装	驱动电机安装操作顺序及规范
6	驱动电机检测	驱动电机检测要点

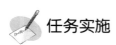任务实施

1. 实施准备

任务实施准备内容见表 4-3。

任务实施准备内容 表4-3

序号	项目	内容
1	实训环境	新能源汽车维修实训室
2	防护装备	车内外三件套,绝缘防护装备
3	实训车辆	荣威E50、北汽EV160或其他纯电动汽车
4	专用工具	万用表、绝缘拆装组合工具、起吊机、举升机等
5	辅助材料	能源汽车随车手册、维修手册、冷却液、警示标示等

2. 作业安全

作业安全要求见表4-4。

作业安全要求 表4-4

序号	内容
1	实训开始前应摘掉饰品,换上实训服,长头发应挽起固定于脑后
2	整车实训时确保点火开关处于Lock位置,操作另有要求除外
3	就车工作时,应施加驻车制动,除非特定操作要求置于其他挡位
4	举升车辆时按照规范进行,避免发生意外事故
5	在拆卸和安装过程中,防止制动液、洗涤液、冷却液进入或飞溅到高压部件上
6	工具使用后,应清洁并归还原处
7	严格遵守实训室规定的安全注意事项和操作流程

3. 操作步骤

(1)步骤一:作业前准备。

①确认车辆信息。记录车辆型号、VIN码、车辆颜色等相关信息,如图4-10所示。

②设置车辆隔离柱、警示牌,检查各项检查工具设备是否正常,安装车辆防护套件。

③车辆预检。对车辆进行外观检查、电量检查、基本功能检查等,如图4-11所示。

图4-10 车辆信息登记

图4-11 车辆基本功能检查

(2)步骤二:荣威E50汽车驱动电机总成拆卸。

①关闭点火开关,将钥匙放置在专用盒内并上锁,专用盒钥匙由操作人员随身携带。

②打开发动机舱盖,安装车外三件套。

③用10mm套筒松开低压蓄电池负极螺栓,断开蓄电池负极线,并固定好蓄电池负极

线,使用绝缘胶带包裹,防止工作时负极线与蓄电池重新连接,如图 4-12 所示。

④打开驱动电机冷却液补偿水桶盖。

⑤拆卸底部导流板,断开散热器软管到水泵上的卡箍,慢慢拔出软管,排空冷却液,如图 4-13 所示。

图 4-12　断开蓄电池负极并绝缘处理

图 4-13　断开散热器软管排空冷却液

⑥拆卸维修开关盖板。

a. 用内饰拆卸工具松开中央扶手面板。

b. 抬开控制面板,用十字螺丝刀拆下面板下的螺钉。

c. 取出杯托底部减振垫,拆下杯托底部螺钉。

d. 取出杯托面板。

e. 掀起维修开关上部的盖板。

⑦戴绝缘手套,拆下维修开关。

a. 按住维修开关卡扣,微微向上掀起维修开关把手,垂直向上拿出,拆下手动维修开关,如图 4-14 所示。将维修开关放置到指定位置并上锁,钥匙由作业人员随身携带保管,在拆除位置放置专用维修断电保护盖。

b. 等待 5min。

⑧打开保护盖,用 13mm 套筒拆下固定到 PEB 上的两个螺母,并断开 PEB 低压连接器。用 T30 套筒对角拆下 PEB 上的 7 个螺栓。用一字螺丝刀轻轻翘起 PEB 盖板,并取下 PEB 盖板,如图 4-15 所示。

图 4-14　拆下高压维修开关

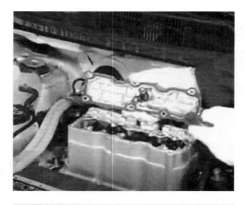

图 4-15　拆卸 PEB 盖板

⑨戴绝缘手套,将万用表调至直流电压挡,测量高压线束端子间电压(图4-16)。测量时一定要确保测量每个端子间的电压,确保每组电压值为0V或者3V以下才可以继续拆卸。

⑩测量高压线束端子与搭铁之间的电压,用交流电压挡,测量UVW三相线束端子间电压,如图4-17所示。

图4-16 高压线束端子间电压检测

图4-17 高压线束端子与搭铁之间的电压检测

⑪用10mm长套筒拆下3个驱动电机线束螺栓,使用漆笔在线束上做好标记,取下电机线固定到PEB外壳上的6个螺栓,拔出W/V/U线束,如图4-18所示。

⑫拆下两个PEB高压线束固定螺栓,使用漆笔在线束上做好标记,拆下PEB高压线束固定在PEB外壳上的4个螺栓,并拆下固定PEB的4个螺栓,松开水泵到PEB软管上的卡箍,并断开软管,取出电机控制器,如图4-19所示。

图4-18 取出高压线束

图4-19 取出电机控制器

⑬拆下前保险杠,取下高压配电单元上盖。

⑭拆下高压配电单元线束的固定螺栓,断开左侧高压互锁连接器,断开电空调压缩机线束连接器,断开加热器线束连接器。

⑮拆下固定快速充电口支架螺栓,将快速充电口支架与散热器横梁分离,对角拆下高压配电单元总成固定螺栓,取出高压配电单元,如图4-20所示。

⑯拆下高压配电单元托盘,取出熔断丝盒。

⑰松开卡箍,从电机上断开散热器到电机软管的连接,从电机上拆下蓄电池负极搭铁线电缆。断开电机旋转变压器线束连接器,拆下将驱动电机固定到减速器上的4个螺栓,安装吊环。

⑱将锁链与起吊机相连,拆下将驱动电机固定到减速器上的两个螺栓,拆下固定在车架上的电机机爪螺栓,取出电机机爪,清理电机周围线路及管路,慢慢将驱动电机吊出机舱,如图4-21所示。

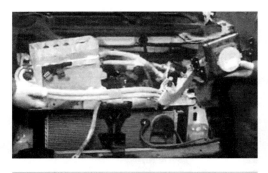
图4-20 取出高压配电单元

图4-21 驱动电机吊出机舱

(3) 步骤三:驱动电机性能检测。

①外观检查。驱动电机的壳体无裂纹,线束接头无破损脏污。

②检查电机铭牌,记录电机参数信息。

③密封性检测。安装密封管,组装压力表转接头,加 5MPa 气压保持 15min,检查压力是否一致。

④打开三相绕组保护盖,测量 UVW 与壳体之间的电阻,若电阻大于 20MΩ,则正常,如图 4-22 所示。

⑤绕组短路检测。用万用表检测各电阻绕组间的电阻,若结果小于 1Ω,则正常。

⑥定子内阻检测。用万用表检测驱动电机每相内阻,值差应小于 2MΩ,如图 4-23 所示。

图4-22 定子内阻检测

图4-23 定子绝缘检测

(4) 步骤四:驱动电机的安装。

驱动电机总成安装按拆卸的相反顺序进行。

注意:高压动力蓄电池、电驱动变速器、电力电子箱、高压线束、电空调压缩机、车载充电器、交流充电口和交流充电线全部安装(包括所有连接器的连接)完成之前,必须确保蓄电池的负极电缆始终处于断开状态,手动维修开关处于断开位置。

驱动电机总成系统安装完成后需完成水路安装。

①冷却系统—电机规格:浓度为50%;防冻液容量为1.275L。
②加注冷却系统,直到冷却液达到驱动电机膨胀水箱颈部并保持静止。
③连接诊断仪让水泵运转20~30min,直到膨胀水箱中没有气泡冒出,液面不再下降。
④关闭水泵,并断开诊断仪。
⑤如需要,将冷却液加至MAX和MIN之间,并拧紧驱动电机膨胀水箱盖。
⑥检查系统有无泄漏。
⑦装上底部导流板。

 评价与反馈

评价反馈表见表4-5。

评 价 反 馈 表　　　　　　　　　　表4-5

项　目	评价标准	评价结果★★★★★	
		自评	互评
接收任务	明确工作任务,理解任务在企业工作中的重要程度		
信息收集	掌握工作相关知识及操作要点		
制订计划	(1)按照学习任务要求,制订合适的实施计划; (2)能协同小组人员安排任务分工		
任务实施	(1)能在实施前准备好所需要的工具器材及安全准备; (2)完成新能源汽车的结构认识实施计划; (3)完成实训室新能源汽车的结构认知		
团队协作	团队成员积极参与,任务完成高效快捷		
沟通表达	(1)团队之间交流充分,各抒己见; (2)任务展示表述准确清晰		
职业素养	(1)未出现设备损坏和人员受伤; (2)5S管理规范; (3)行为举止文明有序		
自我反思 与改进			
教师总评			

知识拓展

由于纯电动汽车是单纯用蓄电池作为驱动能源的汽车,采用合理的驱动系统布置形式来充分发挥电机驱动的优势是尤其重要的。纯电动汽车驱动系统布置的原则是:符合车辆动力学对汽车重心位置的要求,并尽可能降低车辆质心高度。

纯电动汽车的驱动系统布置形式目前主要有4种基本典型结构,即传统的驱动方式、电机—驱动桥组合式驱动方式、电机—驱动桥整体式驱动方式、轮毂电机分散驱动方式。

1. 传统驱动系统布置形式

传统驱动系统仍然采用内燃机汽车的驱动系统布置方式,如图 4-24 所示。包括离合器、变速器、传动轴和驱动桥等总成,只是将内燃机换成电机,属于改造型电动汽车。这种布置方式可以提高纯电动汽车的起动转矩,增加低速时纯电动汽车的后备功率。这种驱动系统布置形式有电机前置—驱动桥前置(F-F)、电机前置—驱动桥后置(F-R)等驱动模式。但是,这种驱动系统布置形式结构复杂、效率低,不能充分发挥驱动电机的性能。在此基础上,还有一种简化的传统驱动系统布置形式,如图 4-25 所示,采用固定速比减速器,去掉离合器,这种驱动系统布置形式可减少机械传动装置的质量,缩小其体积。北汽 EV200 即采用这种布置形式。

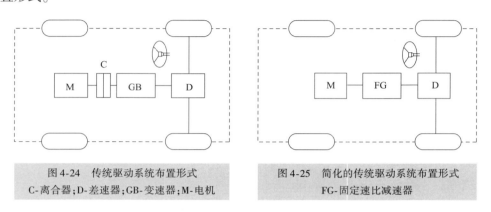

图 4-24 传统驱动系统布置形式
C-离合器;D-差速器;GB-变速器;M-电机

图 4-25 简化的传统驱动系统布置形式
FG-固定速比减速器

2. 电机—驱动桥组合式驱动系统布置形式

这种驱动系统布置形式即在驱动电机端盖的输出轴处加装减速齿轮和差速器等,电机、固定速比减速器、差速器的轴互相平行,一起组合成一个驱动整体。它通过固定速比的减速器来放大驱动电机的输出转矩,但没有可选的变速挡位,也就省掉了离合器。这种布置形式的机械传动机构紧凑,传动效率较高,便于安装。但这种布置形式对驱动电机的调速要求较高。按传统汽车的驱动模式来说,可以有驱动电机前置—驱动桥前置(图 4-26a)和驱动电机后置—驱动桥后置(图 4-26b)两种方式。

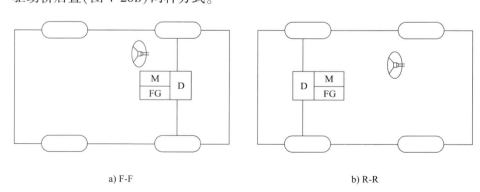

a) F-F   b) R-R

图 4-26 电机—驱动桥组合式驱动系统布置形式
D-差速器;FG-固定速比减速器;M-电机

这种驱动系统布置形式具有良好的通用性和互换性,便于在现有的汽车底盘上安装,使用、维修也较方便。丰田的"RAV4 EV"纯电动汽车即采用此形式,如图 4-27 所示。

3. 电机—驱动桥整体式驱动系统布置形式

电机—驱动桥整体式驱动系统布置形式与发动机横向前置—前轮驱动的内燃机汽车的布置方式类似,把电机、固定速比减速器和差速器集成为一个整体,两根半轴连接驱动车轮。电机—驱动桥整体式驱动系统布置形式有同轴式(图4-28)和双联式(图4-29)两种。

同轴式驱动系统的电机轴是一种特殊制造的空心轴,在电机左端输出轴处的装置有减速齿轮和差速器,再由差速器带动左右半轴,左半轴直接带动,而右半轴通过电机的空心轴来带动。

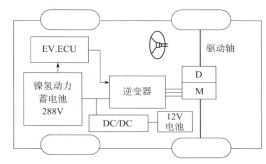

图4-27 丰田"RAV4 EV"系统构成图

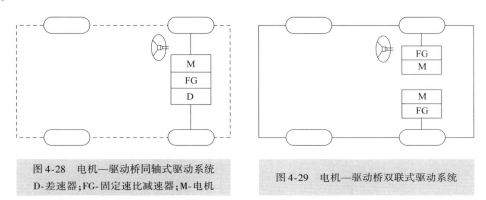

图4-28 电机—驱动桥同轴式驱动系统
D-差速器;FG-固定速比减速器;M-电机

图4-29 电机—驱动桥双联式驱动系统

双联式驱动系统又称双电机驱动系统,由左右2台永磁电机直接通过固定速比减速器分别驱动2个车轮,左右2台电机由中间的电控差速器控制,每个驱动电机的转速可以独立地调节控制,便于实现电子差速,不必选用机械差速器。

电机—驱动桥整体式驱动系统在汽车上的布局也有电机前置—驱动桥前置(F-F)和电机后置—驱动桥后置(R-R)两种驱动模式。该电机—驱动桥构成的机电一体化整体式驱动系统,具有结构更紧凑、传动效率高、质量轻、体积小、安装方便的特点,并具有良好的通用性和互换性,在小型电动汽车上应用最普遍。

4. 轮毂电机分散驱动式驱动系统布置形式

轮毂电机直接装在汽车车轮里主要有内定子外转子(图4-30)和内转子外定子(图4-31)两种结构。

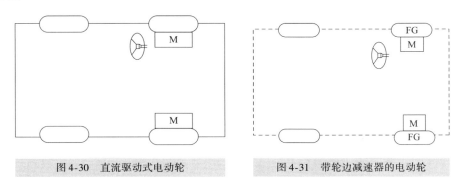

图4-30 直流驱动式电动轮

图4-31 带轮边减速器的电动轮

内定子外转子轮毂电机分散驱动式驱动系统布置形式采用低速内定子外转子电机（图4-32），其外转子直接安装在车轮的轮缘上，可完全去掉变速装置，驱动电机转速和车轮转速相等，车轮转速和车速控制完全取决于驱动电机的转速控制。由于不通过机械减速，通常要求驱动电机为低速大转矩电机。低速内定子外转子电机结构简单，无须齿轮变速传动机构，但其体积大、质量大、成本高。

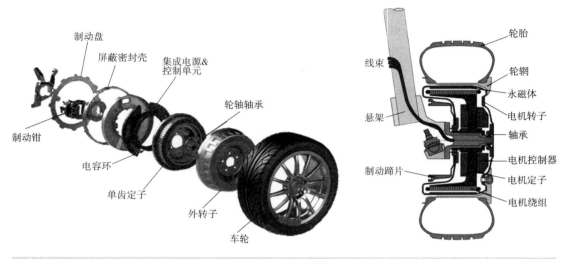

图4-32　内定子外转子轮毂电动轮

内转子外定子轮毂电机分散驱动式驱动系统布置形式采用一般的高速内转子外定子电机（图4-33），其转子作为输出轴与固定减速比的行星齿轮变速器的太阳轮相连，而车轮轮毂通常与其齿圈连接，它能提供较大的减速比，来放大其输出转矩。驱动电机装在车轮内，形成轮毂电机，可进一步缩短从驱动电机到驱动轮的传递路径。采用高速内转子电机（转速约10000r/min），需装固定速比减速器来降低车速，一般采用高减速比行星齿轮减速装置，安装在电机输出轴和车轮轮缘之间，且输入和输出轴可布置在同一条轴线上。高速内转子电机具有体积小、质量轻和成本低的优点，但它需要加行星齿轮变速机构。

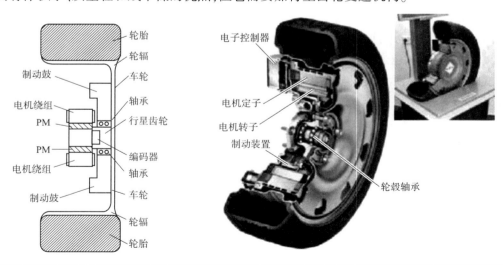

图4-33　内转子外定子轮毂电机

采用轮毂电机驱动可大大缩短从驱动电机到驱动车轮的传递路径,不仅能腾出大量的有效空间便于总体布局,而且对于前一种内定子外转子结构,也大大提高了对车轮的动态响应控制性能。每台驱动电机的转速可独立调节控制,便于实现电子差速。既省去了机械差速器,也有利于提高汽车转弯时的操控性。轮毂电机分散驱动在汽车上的布置方式可以有双前轮驱动、双后轮驱动和4WD(4wheeldrive)前后四轮驱动等模式。轮毂式电机分散驱动方式应是未来纯电动汽车驱动系统的发展方向。

任务二　电机控制系统故障检修

学习目标
知识目标
1. 能叙述电机控制器的功能;
2. 能够说出电机控制器内部结构,及简述其作用;
3. 能叙述电机控制器的控制策略。
能力目标
1. 能够识别电机控制器外部端口;
2. 能够查阅维修手册,识读电机控制系统电路;
3. 根据维修规范利用专业设备能够对电机控制器进行基本测试。
建议课时
10 课时

任务描述

一辆 EV 160 新能源纯电动汽车,行驶里程为 5.6 万 km,出现无法行驶且仪表报警灯常亮、报警音鸣叫的故障,故障发生时电机有沉闷的"咔、咔"声。作为维修人员需对驱动电机系统进行故障诊断与检修。

信息收集

1. 驱动电机系统的组成

驱动电机系统由驱动电机(DM)、驱动电机控制器(MCU)构成,通过高低压线束、冷却管路,与整车其他系统作电气和散热连接,如图 4-34 所示。

2. 电机控制器

(1)电机控制器的功能。

整车控制器(VCU)根据驾驶员意图发出各种指令,电机控制器(MCU)响应并反馈,实时调整输出电流和电机转速,实现对整车的以下控制:

①怠速控制(爬行)。
②控制电机正转(前进)。

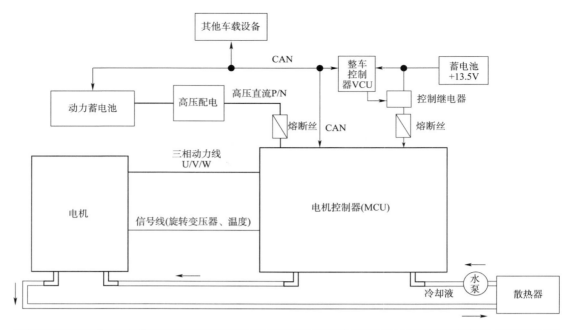

图4-34 驱动电机系统的组成

③控制电机反转(倒车)。

④能量回收(交流转换直流)。

⑤驻坡(防溜车)。

电机控制器另一个重要功能是通信和保护,实时进行状态和故障检测,保护驱动电机系统和整车安全可靠运行。

(2)电机控制器的构造。

电机控制器(MCU)主要由IGBT模块(驱动)、控制主板、接口电路、超级电容、放电电阻、电流感应器、壳体水道等组成,如图4-35所示。

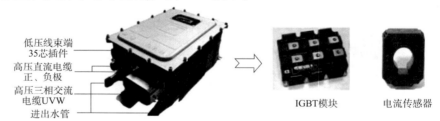

图4-35 电机控制器核心元件

IGBT模块(Insulated Gate Bipolar Transistor,绝缘栅双极型晶体管芯片)为驱动电机最核心的元件,是由BJT(双极型三极管)和MOS(绝缘栅型场效应管)组成的复合全控型电压驱动式功率半导体器件,通过脉冲宽度调制(PWM)的方式控制IGBT开关,将电流从DC转换到AC(电池到电机,驱动电机)或者从AC转化到DC(电机到电池,制动、下坡时能量回收)。

控制主板:与整车控制器通信,监测直流母线及相电流,为驱动电机的旋变传感器励磁供电,控制IGBT模块等。

接口电路:与整车控制器通信,监测直流母线及相电流,为驱动电机的旋变传感器励磁供电,控制IGBT模块等。

盒盖开关：监测违规操作及高压暴露，用于人身安全防护。
电流传感器：监测驱动电机工作的实际电流。
放电电阻：断开高压电路时，通过电阻给电容放电（注：新车型采用 EGBT 导通放电）。
超级电容：接通高压回路时给电容充电，在驱动电机起动时保持电压的稳定。

3. 驱动电机系统控制策略

在驱动电机系统中，驱动电机的输出动作主要是靠控制单元给定命令执行，即控制器输出命令。控制器主要是将输入的直流电逆变成电压、频率可调的三相交流电，供给配套的三相交流永磁同步电机使用，如图 4-36 所示。

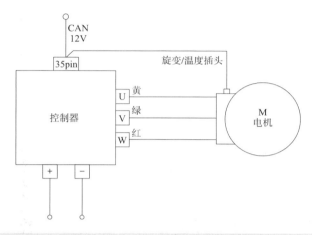

图 4-36　电机控制器与驱动电机的连接

（1）挡位及车速控制。

车辆起动后，整车控制器采集电子换挡操纵装置的信号及加速踏板的加速信号判断其挡位状态及驾驶员意图，通过 CAN1 线将转矩命令传递给电机控制器。

电机控制器根据指令信号，通过脉冲宽度调制（PWM）的方式控制 IGBT 开关，将动力蓄电池提供的直流电，转化成三相正弦交流电，驱动电机输出转矩，通过机械传输来驱动车辆，如图 4-37 所示。

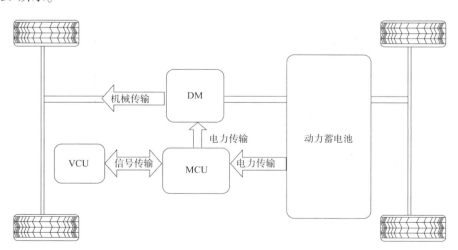

图 4-37　驱动电机系统驱动模式

（2）制动控制。

当车辆在溜车或制动的时候，电机控制器接收信号，判断驾驶员制动意图，通过脉冲宽度调制（PWM）的方式控制 IGBT 开关，将三相正弦交流电通过电机控制器转化为直流电，存储到动力蓄电池中，如图 4-38 所示。此时电机会将车辆动能转化成电能。

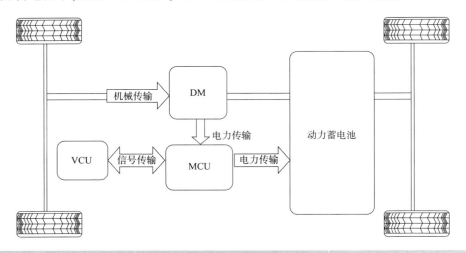

图 4-38 驱动电机系统发电模式

（3）电机控制系统温度保护控制。

①电机温度保护。控制器监测驱动电机温度传感器：120℃≤温度<140℃时，降功率运行；温度≥140℃时，降功率至0，即停机。

②控制器温度保护。控制器监测到散热基板温度：温度≥85℃时，超温保护，即停机。75℃≤温度≤85℃时，降功运行。

③冷却系统温度保护。控制器监测到驱动电机温度传感器：45℃≤温度<50℃时，冷却风扇低速起动；温度≥50℃时，冷却风扇高速起动；温度降至40℃时，冷却风扇停止工作。

控制器监测到散热基板温度：温度≥75℃时，冷却风扇低速起动；温度≤80℃时，冷却风扇高速起动；温度降至75℃时，冷却风扇停止工作。

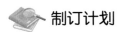 **制订计划**

根据任务要求，制订北汽新能源 EV 驱动电机控制器总成的拆装与检测的实施计划（表4-6）。

任务实施计划　　　　　　　　　　　　　　表4-6

序　号	作 业 项 目	操 作 要 点
1	维修作业前检查及安全防护	人员防护及车辆场地准备
2	电机控制器外观认知	电机控制器端口认知及接插件针脚定义识读
3	电机控制器拆卸	拆卸操作顺序及规范
4	电机控制器安装	安装操作顺序及规范
5	电机控制器检测	电机控制器检测要点

任务实施

1. 实施准备
任务实施准备内容见表 4-7。

任务实施准备内容　　　　表 4-7

序号	项目	内容
1	实训环境	新能源汽车维修实训室
2	防护装备	车内外三件套、绝缘防护装备
3	实训车辆	北汽 EV160 或其他纯电动汽车
4	专用工具	万用表、绝缘拆装组合工具、故障诊断仪等
5	辅助材料	新能源汽车随车手册、维修手册、冷却液、警示标示等

2. 作业安全
作业安全要求见表 4-8。

作业安全要求　　　　表 4-8

序号	内容
1	实训开始前应摘掉饰品,换上实训服,长头发应挽起固定于脑后
2	整车实训时确保点火开关处于 Lock 位置,操作另有要求除外
3	就车工作时,应施加驻车制动,除非特定操作要求置于其他挡位
4	举升车辆时按照规范进行,避免发生意外事故
5	在拆卸和安装过程中,防止制动液、洗涤液、冷却液等进入或飞溅到高压部件上
6	坚持"安全第一"原则,在无实训教师指导下严禁违规拆卸操作
7	工具使用后,应清洁并归还原处
8	严格遵守实训室规定的安全注意事项和操作流程

3. 操作步骤
(1) 步骤一:作业前准备。

①确认车辆信息。记录车辆型号、VIN 码、车辆颜色等相关信息,如图 4-39 所示。

②设置车辆隔离柱、警示牌,检查各项检查工具设备是否正常,安装车辆防护套件。

③车辆预检。对车辆进行外观检查、电量检查、基本功能检查等,如图 4-40 所示。

图 4-39　车辆信息登记

图 4-40　车辆基本功能检查

④故障现象确认。车辆不能起动,仪表显示动力系统故障灯常亮。

(2)步骤二:作业前准备。

①设置车辆隔离柱、警示牌(图4-41),检查各项检查工具设备是否正常(图4-42),安装车辆防护套件(图4-43),连接车辆诊断仪(图4-44)。

图4-41 设置警示牌

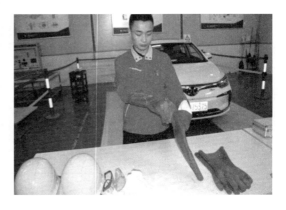

图4-42 工具检查

图4-43 安装防护套件

图4-44 连接车辆诊断仪

②读取故障码。读取故障码为P116016,MCU TGBT 驱动电路过电流故障(A 相/U 相)。诊断仪器没有明确的故障点或故障原因的指引,查阅维修手册,电机控制器电路图(图4-45),进一步检修以确认故障原因。

(3)步骤三:电机控制系统检测。

①高压下电。断开蓄电池负极并用电工胶布将其金属部分缠绕,避免接触车身。然后切断设置在车内杂物箱位置的高压维修开关。过5min后,拆卸连接动力蓄电池到高压盒之间的高压电缆,使用万用表测量高压电池来电情况,测量结果显示为0.1V,高压系统成功下电。

②检测电机控制器。使用万用表对电机控制器MCU进行测量,并与标准值对比,不正常则需更换。图4-46所示为电机控制器MCU的插件端,表4-9为北汽EV160电机控制器诊断标准值。

③测量MCU低压供电。测量MCU低压插件T35/1针脚(图4-47)电压,正常值为12V左右。若测量值不在正常值范围,则检测FB10熔断丝、电机继电器和低压供电线路。

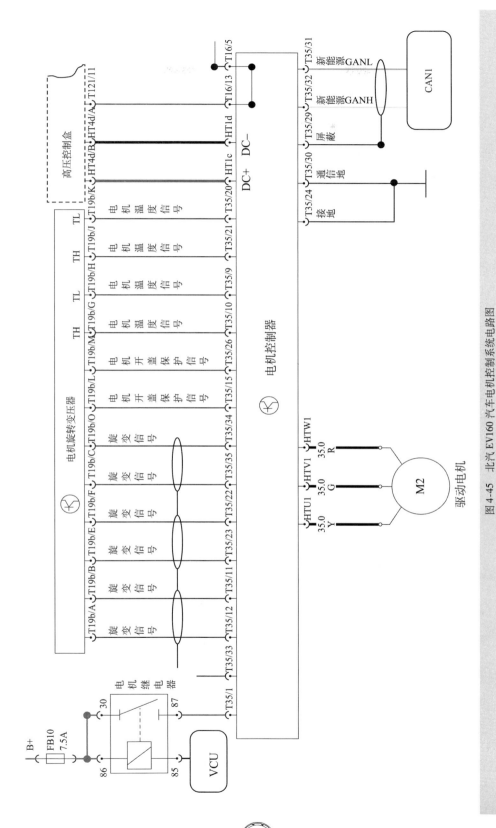

图 4-45 北汽 EV160 汽车电机控制系统电路图

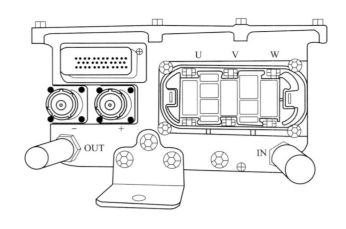

图 4-46 电机控制器 MCU 的插件端

④测量 MCU 电源熔断丝 FB10。汽车前舱部分找出熔断丝与继电器盒,检查 MCU 电源熔断丝 FB10,测量熔断丝电阻值,正常值小于 1Ω。如果熔断则检查线路后更换熔断丝并测试。

北汽 EV160 电机控制器诊断标准值   表 4-9

	数值(V)		黑表笔				
			T+	T-	U	V	W
IGBT 测量 (二极管挡位)	红表笔	T+	—	∞	∞	∞	∞
		T-	0.612	—	0.341	0.265	0.278
		U	0.341	∞	T+ 与 T- 之间有 2 个二极管; T+ 与 T- 与 UVW 之间有 1 个二极管		
		V	0.265	∞			
		W	0.278	∞			
	数值(MΩ)		红表笔				
绝缘性测试	黑表笔	搭铁(-)	T+	T-	U	V	W
			19.23	17.05	16.64	18.51	18.67

图 4-47 MCU 低压插件 T35

⑤检测电机继电器。测量 MCU 继电器线圈端子 85—86 插脚之间的电阻值,正常值为 130Ω 左右。测量电源继电器开关端子的导通性,将电源继电器线圈端子 85—86 插脚分别接蓄电池正负极,万用表调节到电阻挡 200Ω,测量继电器 30—87 开关端子是否导通,正常值为小于 1Ω。若测量值不在正常值范围,则更换电机继电器。

⑥测量旋转变压器各个绕组阻值及其波形。

a. 测量旋转变压器各个绕组阻值。使用万用表电阻挡测量 MCU 低压插件 T35/22、T35/23 端子的电阻值,正常值为 50～70Ω;测量 T35/34、T35/35 端子的电阻值,正常值为 50～70Ω;测量 T35/11、T35/12 端子的电阻值,正常值为 20～40Ω。若测量值不在正常值范围,可以判定旋转变压器励磁、正弦和余弦 3 组线圈存在故障,则需更换。

b. 测量旋转变压器线束。使用万用表电阻挡测量驱动电机旋转变压器插件 T19b 的 A 与 MCU 低压插件 T35/12 端子、B 与 T35/11 端子、E 与 T35/23 端子、F 与 T35/22 端子、C 与

T35/35 端子、D 与 T35/34 端子的电阻值,正常值为 0.2~0.5Ω。若测量值不在正常值范围,则旋转变压器线束存在短路、断路故障,需更换线束。

c.使用示波器通过驱动电机旋转变压器插件 T19b 测量旋转变压器各个绕组波形,其波形符合维修手册中所示标准波形。若测量波形不一致,则旋转变压器存在故障,需更换。

⑦根据检测结果,排查故障。连接解码仪,删除历史故障码,再次读取故障码,仪器显示没有故障码,证明故障排除。

⑧收尾与 5S 管理。收回车辆防护套件。整理工具设备,清洁场地。

评价与反馈

评价反馈表见表 4-10。

评 价 反 馈 表　　　　　　　　　　　表 4-10

项　目	评 价 标 准	评价结果★★★★★	
		自评	互评
接收任务	明确工作任务,理解任务在企业工作中的重要程度		
信息收集	掌握工作相关知识及操作要点		
制订计划	(1)按照学习任务要求,制订合适的实施计划; (2)能协同小组人员安排任务分工		
任务实施	(1)能在实施前准备好所需要的工具器材及安全准备; (2)完成新能源汽车驱动电机控制系统检测实施计划; (3)完成实训室新能源汽车电机控制器系统的故障诊断与排除		
团队协作	团队成员积极参与,任务完成高效快捷		
沟通表达	(1)团队之间交流充分,各抒己见; (2)任务展示表述准确清晰		
职业素养	(1)未出现设备损坏和人员受伤; (2)5S 管理规范; (3)行为举止文明有序		
自我反思 与改进			
教师总评			

知识拓展

电驱动系统是新能源汽车的核心部件,随着新能源汽车技术的不断演进,电驱动系统也将不断发展。目前,电驱动系统的发展趋势主要包括以下几个方面。

1. 一体化集成

电驱动系统包括电机、减速器和电机控制器。以往分体式的电驱动系统存在体积大、效率低、成本高的不足。未来将动力电机、电机功率控制逆变器和变速器进行高度整合后合三为一,实现体积上大幅减少,更能支持新能源车型紧凑的动力布局。

2. 电机高速化

随着电机技术的发展,加之消费者对驾驶体验、驱动效率等的追求,更高速的电机将成为必然。目前,超过15000r/min的电机已经部分上市,并逐渐应用在一些定位较高的车型中,如特斯拉系列、蔚来 ES8 等。

3. 减速器大速比

由于电机与传统内燃机的不同,使得电动汽车可以采用单挡减速器来保证大转速范围内电机的有效使用,现有电动车减速器的速比通常在10左右。然而,随着电机转速越来越高,减速器速比将达到15以上。因此,大速比、两挡或多挡减速器将成为未来电驱动系统减速器的发展方向。

4. 新技术的应用

新能源汽车的快速发展,直接拉动了上下游技术的革新。同时,新技术的突破也将推动新能源汽车的升级。体现在电驱动系统上,相关新技术包括:电机 Pin 绕组工艺、低损耗硅钢技术、双面水冷 IGBT、碳化硅等。

项目五　充电系统检修

本项目主要内容为新能源汽车充电系统类型、组成、充电工作过程和常见故障诊断,分为两个任务。

任务一　快充系统的检修
任务二　慢充系统的检修

通过本项目的学习,在教师的指导下,学生能小组合作,参照维修手册正确完成新能源汽车充电系统常见故障的检修。

任务一　快充系统的检修

> **学习目标**
> 知识目标
> 1.能描述快充系统的组成及各部件的作用;
> 2.能说出快充系统的控制原理;
> 3.能分析快充系统常见故障。
> 能力目标
> 1.能正确识别实车中快充系统的部件;
> 2.能正确检修快充系统故障。
> 建议课时
> 8课时

 任务描述

一辆北汽 EV200 轿车,行驶 673km。车主反应快充无法充电,仪表板上的充电线连接指示灯和电池组充电指示灯均不亮。如果你是维修技师,你能正确排除充电系统故障吗?

 信息收集

1.快充系统的组成

快充系统一般使用工业 380V 三相电,通过功率变换后,直接将高压大电流通过母线直接给动力蓄电池进行充电。快充系统主要部件:电源设备(快充桩)、快充接口、车内高压线束、高压控制盒、动力蓄电池等。

(1)直流充电桩。

直流充电桩即"快充"充电桩,利用国家电网专用标准充电接口为具有车载充电机的电动汽车提供直流电能,提供人机操作界面,具有相应的控制、计费、扣费、通信功能和保护功能。直流充电桩由三相380V交流电经过EMC等防雷滤波模块后进入到三相四线制电能表中,三相四线制电能表监控整个充电机工作时的实际充电电量。充电机输出经过充电枪直接给动力蓄电池进行充电。直流充电桩包含辅助电源、显示模块、充电功率模块、保护控制单元、信号采集单元及刷卡模块等控制系统进行供电。在动力蓄电池充电过程中,辅助电源给BMS系统供电,由BMS系统实时监控动力蓄电池的状态。直流充电桩的工作过程如图5-1所示。

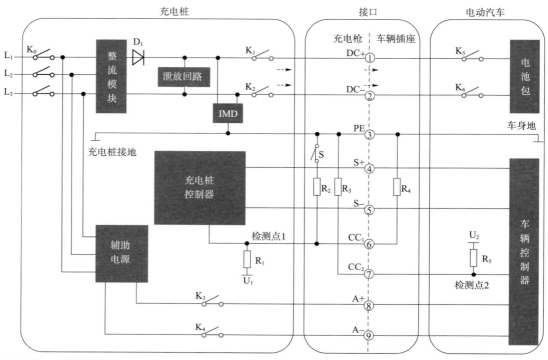

图5-1 直流充电桩的工作过程

直流充电桩输出由9根线组成,输出端子如图5-2所示,直流充电桩接口及定义见表5-1。

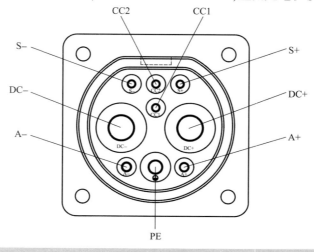

图5-2 直流充电桩输出端子

直流充电桩接口及定义 表 5-1

触头编号	额定电压和额定电流	功能定义
1——(DC+)	750V　80A/125A/200A/250A	直流电源正,连接直流电源正与电池正极
2——(DC-)	750V　80A/125A/200A/250A	直流电源负,连接直流电源负与电池负极
3——(⏚)	—	保护接地(PE),连接供电设备地线和车辆电平台
4——(S+)	0V~30V　2A	充电通信CAN_H,连接非车载充电机与电动汽车的通信线
5——(S-)	0V~30V　2A	充电通信CAN_L,连接非车载充电机与电动汽车的通信线
6——(CC1)	0V~30V　2A	充电连接确认
7——(CC2)	0V~30V　2A	充电连接确认
8——(A+)	0V~30V　20A	低压辅助电源正,连接非车载充电机为电动汽车提供的低压辅助电源
9——(A-)	0V~30V　20A	低压辅助电源负,连接非车载充电机为电动汽车提供的低压辅助电源

(2)快充接口。

快充接口一般位于车辆头部车标的内部,是直流充电桩与纯电动汽车快充口进行物理连接,完成充电和控制引导的连接器,如图5-3所示。

图 5-3　快充接口针脚

快充接口各针脚定义如下。

DC-:高压输出负极,经过高压控制盒快充负继电器,输出到动力蓄电池高压负极。

DC+:高压输出正极,经过高压控制盒快充正继电器,输出到动力蓄电池高压正极。

PE(GND):车身搭铁,接蓄电池负极。

A-:低压辅助电源负极,接蓄电池负极。

A+:低压辅助电源正极,为12V快充唤醒信号,经过熔断丝FB27。

CC1:快充连接确认线,属内部电路,CC1与PE之间有一个1000Ω的电阻。

CC2:快充连接确认线,接VCU T121/17脚。

S+:快充CANH,与动力蓄电池管理系统BMS及数据采集终端通信。

S-:快充CANL,与动力蓄电池管理系统BMS及数据采集终端通信。

BMS与数据采集终端快充CANH与CANL之间分别串联了一个120Ω的电阻,从快充口测量S+与S-之间的阻值应为两个120Ω电阻的并联值60Ω,如图5-4所示。

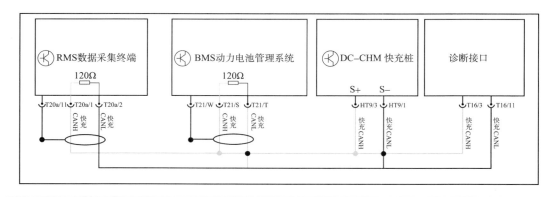

图 5-4　快充 CAN 总线终端电阻和相关线束

(3) 快充线束。

连接快充口到高压盒之间的线束,如图 5-5 所示。

图 5-5　快充线束

(4) 高压控制盒。

高压控制盒(也称配电盒)是将由快充线束输入的高压直流电经过动力蓄电池高压线束输送到动力蓄电池,同时完成动力蓄电池电源的输出及分配,如图 5-6 所示。

图 5-6　高压控制盒

高压控制盒内有 PTC 控制板、PTC 熔断器、空调压缩机熔断器、DC/DC 熔断器、车载充电机熔断器和快充继电器等,如图 5-7 所示。熔断器烧断,则无电流输出,快充继电器不闭合,则无法快充,起到保护高压附件的作用。

项目五　充电系统检修

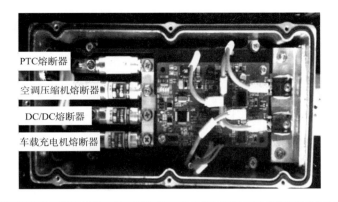

图 5-7　高压控制盒内部结构

高压控制盒内的快充继电器有两个,为快充正极继电器和快充负极继电器,如图 5-8 所示。当点火开关打到 ON 挡,ON 挡继电器闭合,12V 电源经 SB01 和 FB02 熔断丝到达快充正极继电器和快充负极继电器线圈的一端,VCU 控制线圈另一端搭铁,继电器闭合,高压直流电经快充继电器由高压控制盒的动力蓄电池线束插件输出到动力蓄电池。

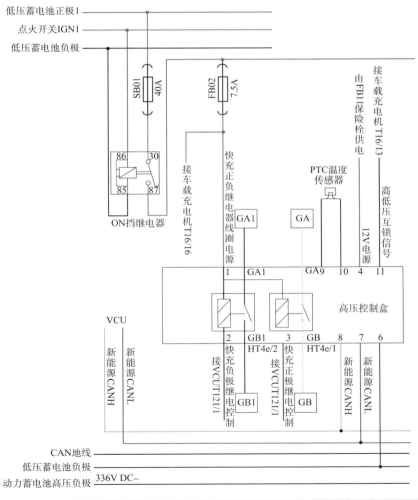

图 5-8　高压控制盒快充继电器控制电路

2. 快充系统工作过程

整车控制器(VCU)是电动汽车快速充电系统的主控模块,快速充电系统工作过程如图5-9所示。

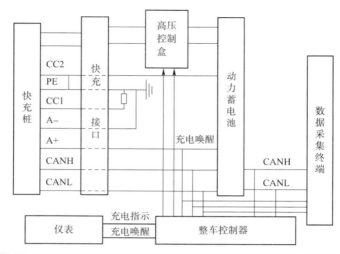

图5-9 快速充电系统工作过程

(1)直流供电。充电枪连接到直流充电桩,直流充电桩通过充电枪为电动汽车提供高压直流电源。

(2)充电唤醒。充电枪连接到车辆快速充电接口,整车控制器(VCU)通过充电连接确认线CC判断快速充电接口是否正确连接,如果判断正确连接后,启用唤醒线路将车辆内部的充电系统电路和部件唤醒。

(3)检测充电需求。蓄电池管理系统(BMS)检测动力蓄电池是否需要进行充电。

(4)发送充电指令。如果检测到动力蓄电池有充电需求时,整车控制器(VCU)通过输出高压接触器接通指令到高压控制盒,接通动力蓄电池与直流充电桩间的高压电路,开始进行充电。

(5)充电过程。充电过程中,整车控制器(VCU)向仪表输出充电显示信息,外部供电设备的高压直流电通过直流充电桩储存到动力蓄电池。

(6)充电停止。蓄电池管理系统(BMS)检测到充电完成后,给整车控制器(VCU)发送指令,快速充电系统停止工作,断开动力蓄电池继电器,充电结束。

3. 快充系统的常见故障及排除思路

(1)常见故障。

①快充桩与车辆无法通信。主要原因为唤醒线路熔断丝损坏,搭铁点搭铁不良,快充枪、快充口、快充线束、低压电器盒、整车控制器、动力蓄电池低压控制插件等部件的低压辅助电源针脚、连接确认针脚、快充CAN针脚等损坏、退针、烧蚀、锈蚀,动力蓄电池和数据采集终端快充CAN总线间的电阻不符合要求。

②快充桩与车辆通信正常,无充电电流。主要原因为高压控制盒快充继电器线路熔断丝损坏、主熔断丝损坏、低压电器盒损坏、高压控制盒损坏、快充线束损坏、动力蓄电池BMS快充唤醒失常。

(2)故障排除思路。

排除"快充桩与车辆无法通信"故障,首先检查线路连接情况,然后检查快充系统各部件低压辅助电源、连接确认信号、快充 CAN 线路等的针脚情况、电压、电阻等是否符合要求。排除"快充桩与车辆通信正常,无充电电流"故障时,显然没有了低压通信的问题,应检查高压供电线路的熔断丝、线束、继电器等有无问题,检查动力蓄电池与高压控制盒连接插件的电压,检查动力蓄电池 BMS 快充唤醒信号是否正常,检查高压控制盒快充连接端子电压是否正常,有电压则联系动力蓄电池厂家售后对电池检测,无电压则更换高压控制盒。

制订计划

根据快充充电系统结构及控制原理分析,制订故障车辆快充充电系统故障检修的实训计划,见表 5-2。

任务实施计划　　　　　　　　　　　　　　表 5-2

序号	作业项目	操作要点
1	快充充电系统认知	慢充系统各零部件认知
2	对电动汽车进行快充充电	充电操作流程、充电故障确认
3	快充系统故障检测	实车检查与测量
4	测量结果分析	判断故障原因并检修故障

任务实施

1. 实施准备

任务实施准备内容见表 5-3。

任务实施准备内容　　　　　　　　　　　　表 5-3

序号	项目	内容
1	实训环境	新能源汽车维修实训室
2	防护装备	车内外三件套,绝缘防护装备
3	实训车辆	北汽新能源 EV200(或其他纯电动车辆一辆)
4	专用工具	诊断线束工具套件、故障诊断仪、充电器、绝缘拆装组合工具、举升机等
5	专业设备	充电装置
6	辅助材料	新能源汽车随车手册,维修手册,警示标示等

2. 作业安全

作业安全要求见表 5-4。

作业安全要求　　　　　　　　　　　　　　表 5-4

序号	内容
1	实训开始前应摘掉饰品,换上实训服,长头发应挽起固定于脑后
2	整车实训时确保点火开关处于 Lock 位置,操作另有要求除外
3	就车工作时,应施加驻车制动,除非特定操作要求置于其他挡位
4	举升车辆时按照规范进行,避免发生意外事故

续上表

序号	内容
5	工具使用后,应清洁并归还原处
6	在进行充电操作时,不允许周围人接触操作员、车辆、供电设备等
7	在进行检测时,必须戴绝缘手套,测量时必须使用绝缘万用表和绝缘连接线等
8	充电过程中,不允许打开车辆钥匙起动车辆
9	整个操作过程中必须严防违反操作规程的情况发生,遇到紧急情况及时告知教师
10	断开高压部件后,立即用绝缘胶带或堵盖封堵线束连接器端口和高压部件端口
11	爱护诊断、测量工具及设备,轻拿轻放,严禁磕碰及违规使用
12	严格遵守实训室规定的安全注意事项和操作流程

3. 操作步骤

(1)步骤一:车辆故障确认。

①确认车辆信息。记录车辆型号、VIN 码、车辆颜色等相关信息,如图 5-10 所示。

②车辆预检。对车辆进行外观检查、电量检查、基本功能检查等,如图 5-11 所示。

图 5-10　车辆信息登记

图 5-11　车辆基本功能检查

图 5-12　确认故障现象

③故障现象确认。插入钥匙,拧至 ON 挡,仪表可正常点亮,记录仪表信息,连接充电枪进行快充充电,快充桩与车辆无法通信。记录仪表快充充电信息和车载充电机指示灯点亮情况,如图 5-12 所示。

④分析故障原因。快充桩与车辆无法通信故障的主要原因有唤醒线路熔断丝损坏,搭铁点搭铁不良,快充枪、快充口、快充线束、低压电器盒、整车控制器、动力蓄电池低压控制插件等部件的低压辅助电源针脚、连接确认针脚、快充 CAN 针脚等损坏、退针、烧蚀、锈蚀,动力蓄电池和数据采集终端快充 CAN 总线间的电阻不符合要求。需对快充桩与快充口连接情况、充电唤醒信号检测和车辆端连接确认信号进行检测。

(2)步骤二:作业前准备。

①设置车辆隔离柱、警示牌,如图 5-13 所示。

②检查各项检查工具设备是否正常,如图 5-14 所示。

图 5-13 设置警示牌

图 5-14 工具检查

③安装车辆防护套件,如图 5-15 所示。

(3) 步骤三:充电系统检测。

①汽车高压断电,等待 5min 耗尽高压残余电压。

②检查动力蓄电池的状态,检查高压线束插接件连接是否牢固,如图 5-16 所示。若是,进行下一步,若否,检修高压插接器。

③检查快充桩与快充口连接是否良好。

a. 检查车辆快充接口各连接端子有无损坏。

b. 快充口和快充枪有无烧蚀和锈蚀现象。

c. 快充口 PE 与车身搭铁是否导通,用万

图 5-15 安装防护套件

用表检查快充口 PE 端子与车身负极搭铁的阻值,应小于 0.5Ω。如果阻值不符合要求,则有可能是螺栓松动、接触面锈蚀、螺纹处油漆未处理干净等原因造成。图 5-17 为北汽 EV200 快充线束搭铁点位于右侧纵梁前方上部。

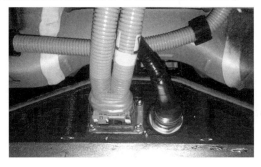

图 5-16 动力蓄电池高压线束连接检查

图 5-17 北汽 EV200 快充线束搭铁点

d. 检测快充口 CC1 与 PE 之间的阻值是否符合要求(图 5-18),阻值是否为 $(1000\pm50)\Omega$,如果阻值与标准值不符,则更换快充线束。

④检测充电唤醒信号是否正常。

a. 高压上电,将车辆与快充桩连接好,测试充电唤醒信号是否正常。如果仪表未显示唤醒,则首先测量前机舱低压电器盒内的 FB27 熔断丝,如果熔断,则检查线路后更换熔断丝并

测试。

b. 如果熔断丝正常,则用万用表测量该熔断丝是否有快充唤醒电压,如图 5-19 所示。如果无电压,则应断开充电枪,在点火开关处于关闭状态下,检查快充线束端子有无退针、锈蚀、接触不实等现象,发现问题则进行修复。

图 5-18　测量快速充电检测电阻　　　　　图 5-19　快充唤醒线路电压检测

c. 如果线束端子没有问题,则测量快充口 A + 与快充线束 A +、低压电器盒 A5 是否导通。如不导通则更换快充线束,如导通则继续测量。

⑤检查车辆端连接确认信号是否正常。

a. 检查快充口 S - 与快充线束整车低压线束插件 S - 是否导通。

b. 检查快充口 S + 与快充线束整车低压线束插件 S + 是否导通,如不导通,则更换或维修。

c. 检查快充线束 S + 与 S - 之间的阻值应为 60Ω 左右。

d. 检查快充线束整车低压线束插件 S - 与动力蓄电池低压插件 T 针及数据采集终端插件 2 针是否导通,阻值应小于 0.5Ω。

e. 检查快充线束整车低压线束插件 S + 与动力蓄电池低压插件 S 针及数据采集终端插件 1 针是否导通,阻值应小于 0.5Ω。

f. 断开快充线束与数据终端和动力蓄电池低压插件,检查快充线束整车低压线插头 S + 与 S - 之间的阻值应为无穷大,分别检查动力蓄电池和数据采集终端快充 CAN 总线间的电阻,应该都为 120Ω,如不是,则更换或维修。

g. 检查快充线束整车低压线束插件 A - 与车身搭铁是否导通,若不导通,则更换或维修。

⑥收尾与 5S 管理。收回车辆防护套件。整理工具设备,清洁场地。

 评价与反馈

评价反馈表见表 5-5。

评　价　反　馈　表　　　　　　　　　　　　表 5-5

项　目	评 价 标 准	评价结果★★★★	
		自评	互评
接收任务	明确工作任务,理解任务在企业工作中的重要程度		

续上表

项　目	评价标准	评价结果★★★★★	
		自评	互评
信息收集	掌握工作相关知识及操作要点		
制订计划	(1)按照学习任务要求,制订合适的实施计划; (2)能协同小组人员安排任务分工		
任务实施	(1)能在实施前准备好所需要的工具器材及安全准备; (2)完成新能源汽车充电系统故障确认; (3)完成新能源汽车快充系统故障检测与排除		
团队协作	团队成员积极参与,任务完成高效快捷		
沟通表达	(1)团队之间交流充分,各抒己见; (2)任务展示表述准确清晰		
职业素养	(1)未出现设备损坏和人员受伤; (2)5S管理规范; (3)行为举止文明有序		
自我反思与改进			
教师总评			

知识拓展

随着电动汽车制造技术的日益成熟和国家政策的支持,电动汽车充电桩逐渐在社会以及家庭中普及,不管是用于室内的或者户外的,它们的安全防护一定不可缺少。新能源汽车充电桩常见的几种类型安全保护措施如下。

1. 过电流保护

过电流保护就是在电流超过设定电流后,自动断电,来保护设备芯片和主板不被烧坏,避免设备故障;为避免更换不便,在充电桩中的过电流器件一般具备自复能力的自恢复熔断丝。

2. 短路保护

短路不仅容易损坏电源,严重的甚至引发火灾。一旦发现短路情况,电动汽车充电桩将立刻断电,防患未然。

3. 漏电保护

漏电事故一般发生在操作过程中,很小的电流虽然短时间不会有什么影响,但是时间一长,对人体伤害很大。漏电保护系统回收剩余电流,如果电流过大难以回收,将立刻切断电流;确保人体及设备安全。

4. 过电压保护

过电压保护主要保护电动汽车充电桩供电线路,当电压超过预定的最大值,立即控制电压降低或直接切断电源;常见的过电压器件有放电管、二极管以及压敏电阻。

5. 欠电压保护

欠电压一般是由于短路引起的,会给电动汽车充电桩的线路和设备本身带来损害。欠电压保护便是在设备由于各种原因被切断电源后,电压被降低到临界电压时,保护电动汽车充电桩不会受损,可延长电动汽车充电桩的使用期限。

6. 急停保护

急停开关是操作员在判断设备出现故障却没有自动停止的情况下紧急做出停止运行电动汽车充电桩的开关,是发生在无法判断的紧急情况下可立刻做出的急救操作。

7. 防雷击浪涌保护

尤其对露天电动汽车充电桩来说十分重要。当电气回路或者通信线路中因为外界的干扰突然产生尖峰电流或者电压时,浪涌保护器能在极短的时间内导通分流,从而避免浪涌对回路中其他设备的损害。

8. 电枪插拔保护

既在操作员操作过程中,对于充电器插拔过程中的漏电进行回收和处理,避免伤害人体。

任务二　慢充系统的检修

学习目标

知识目标

1. 能描述慢充系统的组成及各部件的作用;
2. 能说出慢充系统的控制原理;
3. 能分析慢充系统常见故障。

能力目标

1. 能正确识别实车中慢充系统的部件;
2. 能正确检修慢充系统故障。

建议课时

8 课时

任务描述

某客户驾驶一辆北汽 EV200 电动车,车主报修车辆在进行慢充充电时车辆仪表无任何反应,且无法慢充,到店进行维修。如果你是维修技师,你能正确排除充电系统故障并进行检修吗?

信息收集

1. 慢充系统的组成

慢充系统使用交流220V单相民用电,通过车载充电机整流变换,将交流电变换为高压直流电给动力蓄电池供电。慢充系统主要包含外部的充电桩、充电线和充电枪,还有新能源汽车内部的车载充电机、高压控制盒、动力蓄电池和DC/DC变换器等,图5-20所示为北汽EV200充电系统框架结构图。

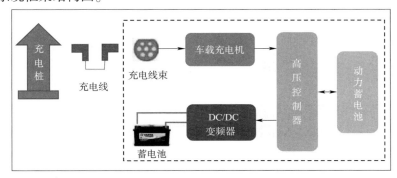

图5-20 北汽EV200充电系统框架结构

(1)交流充电桩。

交流充电桩即"慢充"充电桩,利用国家电网专用标准充电接口为具有车载充电机的电动汽车提供交流电能,提供友好的人机操作界面,具有相应的控制、计费、扣费、通信功能和保护功能,集充电检测、充电控制、管理、查询、显示以及通信于一体,实现对整个充电过程的智能化控制,实时监测充电电缆的连接状态,连接异常将立即终止充电,确保充电过程中的人身和车辆安全,工作过程如图5-21所示。

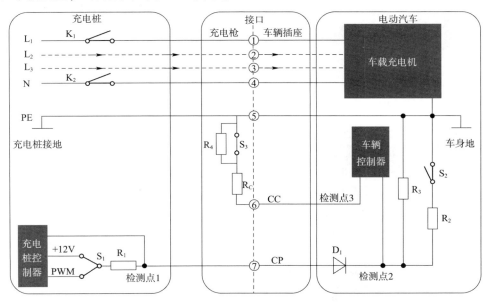

图5-21 交流充电桩的工作过程

交流充电桩输出由7根线组成,输出端子如图5-22所示。交流充电桩接口及定义见表5-6。

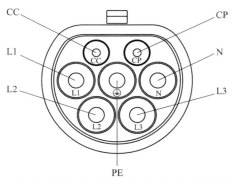

图5-22 交流充电桩输出端子

交流充电桩接口及定义　　　　　　　　　　　　　　　表5-6

触头编号	额定电压和额定电流	功能定义
1——(L1)	250V/440V　10A/16A/32A/63A	交流电源(单相/三相)
2——(L2)	440V　16A/32A/63A	交流电源(三相)
3——(L3)	440V　16A/32A/63A	交流电源(三相)
4——(N)	250V/440V　10A/16A/32A/63A	中线(单相/三相)
5——(⏚)	—	保护接地(PE),连接供电设备地线和车辆电平台
6——(CC)	0~30V　2A	充电连接确认
7——(CP)	0~30V　2A	控制导引

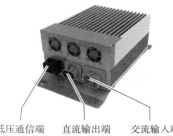

图5-23 车载充电机

（2）车载充电机。

车载充电机作为慢充系统的关键部件(图5-23),其作用是将输入的220V交流电转换为动力蓄电池所需的290~410V高压直流电,实现电池电量的补给。

同时,车载充电机还提供相应的保护功能,包括过电压、欠电压、过电流、欠电流等多种保护措施,当充电系统出现异常会及时切断供电,并通过指示灯进行提示,如图5-24所示。

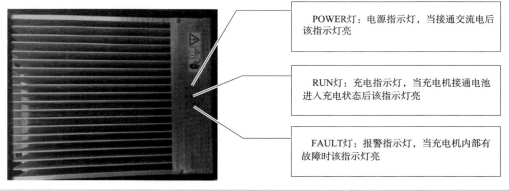

图5-24 车载充电机工作指示灯

（3）高压控制盒也称配电盒（图 5-25），其作用是控制动力蓄电池组的电源输出及分配，实现对支路用电设备的保护及切断。

（4）DC/DC 变换器（图 5-26）主要作用是将动力蓄电池的高压直流电转换成低压直流电，给整车低压用电设备供电及铅酸蓄电池充电。

（5）整车控制器（图 5-27）的作用是确认充电线路是否连接正常，识别充电系统的类型，以及将慢充充电唤醒信号传递给电池管理系统、DC/DC 变换器和仪表等相关部件。

图 5-25　高压控制盒

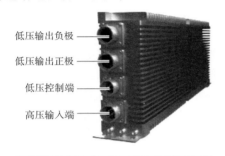

图 5-26　DC/DC 变换器

图 5-27　电动汽车整车控制器

2. 电动汽车慢充充电原理

电动汽车的充电控制逻辑可能根据车型和品牌的不同而不同。下面以北汽 EV200 车型的慢充充电过程进行讲解。该车型的慢充充电过程主要由连接确认、慢充唤醒、充电握手、充电参数配置、实施充电、充电完成六个阶段完成。完整慢充系统控制如图 5-28 所示。

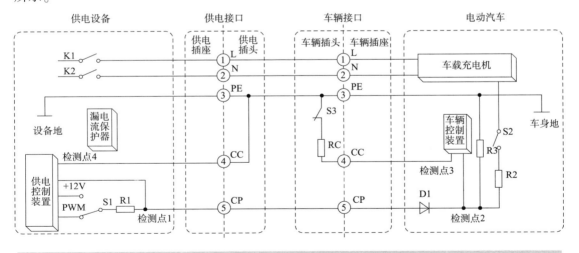

图 5-28　北汽 EV200 慢充系统原理图

（1）连接确认阶段。正确操作充电枪，确保充电枪与充电桩、待充电车辆均可靠连接后，会产生充电连接信号，该信号通过充电线束进入车载充电机后转发给整车控制器。整车控制器通过监测连接信号线的对地电阻值判断充电线路是否连接到位。当整车控制器监测的连接信号线产生的对地电阻值为 1500Ω、680Ω 或 220Ω 时，整车控制器确认连接到位。若对地电阻值为无穷大,则确认连接不到位。某些车型也设计了充电接头锁止装置,防止充电线束连接不到位或漏电等情况。

(2)慢充唤醒阶段。连接确认正常后,车载充电机向整车控制器和数据采集终端发出慢充唤醒信号。整车控制器被唤醒后,再将唤醒信号传递给电池管理系统、DC/DC 变换器和仪表等模块,为后续的充电握手阶段做好准备。

(3)充电握手阶段。慢充系统相关模块被唤醒后,车载充电机和电池管理系统进行相互通信,明确两个模块对应的版本,以确认身份。

(4)充电参数配置阶段。确认车载充电机和电池管理系统身份正常后,开始进入充电参数配置阶段。车载充电机会根据充电桩的供电能力、充电线缆的额定容量和充电机的额定输出电流三个方面的信息确定最大充电电流。最大充电电流设定为以上三个方面的最小值。充电线缆的额定容量可通过在连接确认阶段测得的对地电阻值得出,其对应关系见表 5-7。充电桩的供电能力可通过控制确认线上传输的 PWM 占空比信号 D 传递给充电机来确定。当 D 处于 10% ~ 85% 区间时,充电桩的最大供电电流 $I = D \times 100 \times 0.6$,车载充电机将自身最大的电流输出能力告知电池管理系统的同时,电池管理系统也会通过整车状态调整充电电流,其中最典型的就是电池温度,不同的电池温度会限制最大充电电流。其限流情况见表 5-8。

连接确认信号线对地电阻值与线缆的额定电流对应关系　　　　　　　　表 5-7

电阻值(Ω)	1500	680	220
线缆的额定电流(A)	10	16	32

动力蓄电池温度对应限制充电电流关系　　　　　　　　表 5-8

电池温度(℃)	-20 ~ 5	5 ~ 45	45 ~ 60	其他温度
对应限制电流(A)	8	16	8	0

①充电阶段。参数配置完成后,充电系统直接根据对应的配置电流进行充电,充电过程中,车载充电机和电池管理系统始终保持通信。电池管理系统实时发送电池充电需求,车载充电机根据需求实时调整充电电压和充电电流。例如,北汽 EV200 纯电动汽车进行慢充充电时,在 5 ~ 45℃ 情况下,若单体电芯的最高电压达到了 4.12V,电池管理系统会通过通信告知充电机开始限流。

②充电结束阶段。北汽 EV200 的慢充充电结束指标有以下两条:一是充电电流小于 3A;二是在 5 ~ 45℃ 情况下,单体电芯电压大于 4.14V。满足以上任一情况后,电池管理系统会向充电机发出停止充电指令,充电结束。

3. 慢充系统常见故障及排除思路

(1)常见故障。

①充电桩显示车辆未连接。主要原因为充电枪安装不到位或车辆与充电桩两端枪反接。

②动力蓄电池继电器未闭合。主要原因为连接器连接不正常或车载充电机输出唤醒时不正常。

③动力蓄电池继电器正常闭合,但充电机无输出电流。主要原因为车端充电枪连接不到位;高压熔断丝熔断;高压连接器及线缆连接不正常。

(2)故障排除思路。

①线路连接情况。检查充电桩—充电线、慢充口、慢充线束、车载充电机、高压控制盒、动力蓄电池之间的线路连接是否良好。

②检查低压供电及唤醒信号是否正常。检查车载充电机指示灯状态,如三个灯都不亮,表示没有电源输入,分别检查线路熔断丝、充电线、慢充口、慢充线束是否正常,若正常,更换车载充电机;检查车载充电机的12V电源及慢充唤醒信号是否正常,高压控制盒内的车载充电机熔断器是否损坏,动力蓄电池12V唤醒信号是否正常,整车控制器、动力蓄电池等部件的新能源CAN线是否正常;动力蓄电池低压控制端搭铁及VCU控制搭铁是否正常。

③检查高压电路是否正常。如果低压电路正常,充电仍无法完成,逐步检查充电线、慢充线束、车载充电机、高压控制盒、动力蓄电池之间的高压电是否正常,是线束故障还是部件故障。

④使用故障诊断仪检查。使用故障诊断仪分别检查动力蓄电池及车载充电机的工作状态,对数据进行分析,找出故障所在。

制订计划

根据慢充充电系统结构及控制原理分析,制订慢充充电系统故障检修的实训计划,见表5-9。

慢充充电系统故障检修实训计划　　　　　表5-9

序　号	作业项目	操作要点
1	慢充充电系统认知	慢充系统各零部件认知
2	对电动汽车进行慢充充电	充电操作流程、充电故障确认
3	慢充系统故障检测	实车检查与测量
4	测量结果分析	判断故障原因并检修故障

任务实施

1. 实施准备

任务实施准备内容见表5-10。

任务实施准备内容　　　　　表5-10

序　号	项　目	内　　容
1	实训环境	新能源汽车维修实训室
2	防护装备	车内外三件套,绝缘防护装备
3	实训车辆	北汽新能源EV200(或其他纯电动车辆一辆)
4	专用工具	诊断线束工具套件、故障诊断仪、充电器、绝缘拆装组合工具、举升机等
5	专业设备	充电装置
6	辅助材料	新能源汽车随车手册,维修手册,警示标示等

2. 作业安全

作业安全要求见表5-11。

作业安全要求   表 5-11

序 号	内 容
1	实训开始前应摘掉饰品,换上实训服,长头发应挽起固定于脑后
2	整车实训时确保点火开关处于 Lock 位置,操作另有要求除外
3	就车工作时,应施加驻车制动,除非特定操作要求置于其他挡位
4	举升车辆时按照规范进行,避免发生意外事故
5	工具使用后,应清洁并归还原处
6	在进行充电操作时,不允许周围人接触操作员、车辆、供电设备等
7	在进行检测时,必须戴绝缘手套,测量时必须使用绝缘万用表和绝缘连接线等
8	充电过程中,不允许打开车辆钥匙起动车辆
9	整个操作过程中必须严防违反操作规程的情况发生,遇到紧急情况及时告知教师
10	爱护诊断、测量工具及设备,轻拿轻放,严禁磕碰及违规使用
11	严格遵守实训室规定的安全注意事项和操作流程

3. 操作步骤

(1)步骤一:车辆故障确认。

①确认车辆信息。记录车辆型号、VIN 码、车辆颜色等相关信息,如图 5-10 所示。

②车辆预检。对车辆进行外观检查、电量检查、基本功能检查等,如图 5-11 所示。

③故障现象确认。插入钥匙,拧至 ON 挡,仪表可正常点亮,记录仪表信息,连接充电枪进行交流充电,仪表无任何信息显示,充电机电源指示灯点亮正常,记录仪表慢充充电信息和车载充电机指示灯点亮情况,如图 5-12 所示。

④分析故障原因。仪表在充电时无法显示,判断仪表本身故障、仪表未被唤醒或者仪表供电相关线路故障,由于之前在未充电时仪表可以正常点亮,判断仪表本身以及仪表供电相关线路正常。除此之外,车载充电机及相关供电线路和唤醒线路存在故障同样导致车辆无法充电。但是当连接交流充电时,车载充电机电源指示灯正常点亮,判断充电机本身以及相关供电线路正常。重点检查唤醒信号线路。

(2)步骤二:作业前准备。

①设置车辆隔离柱、警示牌(图 5-13),检查各项检查工具设备是否正常(图 5-14),安装车辆防护套件(图 5-15),连接车辆诊断仪(图 5-29)。

图 5-29   连接车辆诊断仪

②读取故障码和数据流。整车控制器模块中,母线电流数据显示"0A",整车模式变量显示"运行异常",判断整车控制器未被唤醒如图 5-30 所示。

组合仪表模块数据流中,慢充输入信号显示"无效",证明仪表未被唤醒,如图 5-31 所示。

车载充电机模块数据流中,充电机工作模式显示"待机",输出电压和输出电流均显示为 0,输入电压显示"238V",如图 5-32 所示。说明充电桩至车载充电机的高压线路正常。

北汽新能源>>车辆选择>>EV160/EV200系列>>EV200>>系统选择>>整车控制器(VCU)>>数据流		
名称	当前值	单位
整车state状态	12	
里程读数	592	Km
供电电压	11.5	V
油门踏板开度	0	%
制动踏板信号	释放	
档位信号	N	
整车模式变量	运行异常	
母线电流	0.00	A
驱动电机目标转矩命令	0.00	Nm
驱动电机目标转速速令	-0.4	rpm
驱动电机当前转矩	0.00	Nm

图 5-30 读取整车控制器数据

北汽新能源>>车辆选择>>EV160/EV200系列>>EV200>>系统选择>>组合仪表(ICM)>>	
名称	当前值
点火状态	开
BCM_WakeUp输入信号	未唤醒
快充输入信号	无效
慢充输入信号	无效
制动液位输入信号	制动液位正常
乘客安全带输入信号	乘客安全带未系
司机安全带输入信号	安全带未系
副驾驶座椅传感器输入信号	副驾驶无人
安全带指示灯	点亮
制动系统故障灯	熄灭

图 5-31 读取组合仪表数据流

北汽新能源>>车辆选择>>EV160/EV200系列>>EV200>>系统选择>>车载充电机(CHG)>>数据流		
名称	当前值	单位
输出电压	0.0	V
输出电流	0.0	A
温度	23	deg C
充电机工作模式	待机	
输入电压	238.4	V
输入电流	0.0	A

图 5-32 读取车载充电机数据流

(3)步骤三:充电系统检测。

①汽车高压断电,等待 5min 耗尽高压残余电压。

②断开车载充电机 OBC 高压连接线束。

③外观检查。检查车载充电机线束接头是否松动、破损,如图 5-33 所示。

④进行线路检查和部件测试。查阅维修手册,找到车载充电机慢充唤醒信号线路图。使用绝缘万用表置于电压挡,黑表笔与车身搭铁连接,红表笔连接车载充电机 PDU T35a/14 号 CHG 端子,用绝缘针连接,不用取下线束接头,在充电状态下测量车载充电机慢充唤醒信号线输出电压值为 13.81V(图 5-34)。判断车载充电机能正常输出慢充唤醒信号,车载充

图 5-33 线束外观检查正常

机无故障。测量 PDU T35a/14 号 CHG 端子到 VCU/113 号慢充唤醒信号线电阻值(图 5-35),测量值为无穷大,不正常,判断此信号线有开路,测量其余慢充唤醒信号线 CVU/113 号到 T-BOX 模块 T20/7 号端子电阻为 0.3Ω,正常,判断 PDU T35a/14 号 CHG 线路开路,需要修复。

⑤修复故障后验证。修复线路故障后,连接对应线束插头(图 5-36),连接慢充充电线路,观察仪表指示情况,仪表 READY 等正常点亮、显示正常(图 5-37),充电参数显示正常,充电机指示灯显示正常,车辆正常充电(图 5-38),判断故障已完全排除。

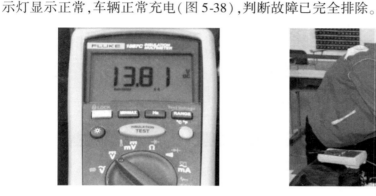

图 5-34 PDU T35a/14 号 CHG 端子的电压值

图 5-35 测量慢充唤醒线路端对端的电阻

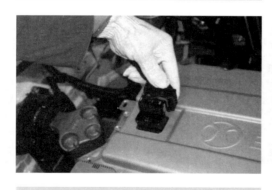

图 5-36 连接 PDU T35a/14 号 CHG 端子

图 5-37 验证仪表已显示正常

图 5-38 验证充电机指示灯显示正常

项目五　充电系统检修

⑥收尾与5S管理。收回车辆防护套件。整理工具设备，清洁场地。

评价与反馈

评价反馈表见表5-12。

评 价 反 馈 表　　　　　　　　　　　　　　　　　表5-12

项目	评价标准	评价结果★★★★★	
		自评	互评
接收任务	明确工作任务，理解任务在企业工作中的重要程度		
信息收集	掌握工作相关知识及操作要点		
制订计划	(1)按照学习任务要求，制订合适的实施计划； (2)能协同小组人员安排任务分工		
任务实施	(1)能在实施前准备好所需要的工具器材及安全准备； (2)完成新能源汽车充电系统故障确认； (3)完成新能源汽车充电系统故障码、数据流的读取； (4)完成新能源汽车慢充系统线路故障检测与排除		
团队协作	团队成员积极参与，任务完成高效快捷		
沟通表达	(1)团队之间交流充分，各抒己见； (2)任务展示表述准确清晰		
职业素养	(1)未出现设备损坏和人员受伤； (2)5S管理规范； (3)行为举止文明有序		
自我反思 与改进			
教师总评			

知识拓展

新能源汽车充电桩的保护器件或者保护产品通常都是安装在电源的输入端口，一旦保护器件出现问题，整个系统将不能及时使用，所以充电桩外壳保护设计的精确高效对常安装于室外的充电桩来说变得越来越重要。

IP是Ingress Protection的缩写，IP等级是针对电气设备外壳对异物侵入的防护等级，来源是国际电工委员会的标准IEC 60529，这个标准在2004年也被采用为美国国家标准。在这个标准中，针对电气设备外壳对异物的防护，IP等级由两个数字所组成，第一个数字表示防尘；第二个数字由表示防水，数字越大表示其防护等级越佳，具体的防护等级见表5-13、表5-14。

防 尘 等 级　　　　　　　　　　　　　　　　　表 5-13

号码	防护程度	定 义
0	防护	无特殊的防护
1	防止大于 50mm 之物体侵入	防止人体因不慎碰到灯具内部零件 防止直径大于 50mm 之物体侵入
2	防止大于 12mm 之物体侵入	防止手指碰到灯具内部零件
3	防止大于 2.5mm 之物全侵入	防止直径大于 2.5mm 的工具、电线或物体侵入
4	防止大于 1.0mm 之物体侵入	防止直径大于 1.0mm 的蚊蝇、昆虫或物体侵入
5	防尘	无法完全防止灰尘侵入,但侵入灰尘量不会影响电气正常运作
6	防尘	完全防止灰尘侵入

防 水 等 级　　　　　　　　　　　　　　　　　表 5-14

号码	防护程度	定 义
0	无防护	无特殊的防护
1	防止滴水侵入	防止垂直滴下之水滴
2	倾斜 15°时仍防止滴水侵入	当灯具倾斜 15°时,仍可防止滴水
3	防止喷射的水侵入	防止雨水、或垂直入夹角小于 50°方向所喷射之水
4	防止飞溅的水侵入	防止各方向飞溅而来的水侵入
5	防止大浪的水侵入	防止大浪或喷水孔急速喷出的水侵入
6	防止大浪的水侵入	灯具浸入水中在一定时间或水压的条件下,仍可确保灯具正常运作
7	防止浸水的水侵入	灯具无期限的沉没水中在一定水压的条件下,仍可确保灯具正常运作
8	防止沉没的影响	

新能源汽车充电桩的防护等级 IP54 的含义为:新能源汽车充电桩设备保护和外来物保护等级防尘级为 5,即无法完全防止灰尘侵入,但侵入灰尘量不会影响电气正常运作;新能源汽车充电桩设备防水保护等级是 4,即能防止各方向飞溅而来的水侵入。

参 考 文 献

[1] 何泽刚.新能源汽车认知与使用安全[M].北京:机械工业出版社,2018.
[2] 赵振宁.新能源汽车技术[M].2版.北京:人民交通出版社股份有限公司,2017.
[3] 姜久春.电动汽车动力蓄电池应用技术[M].北京:北京交通大学出版社,2016.
[4] 刘福华.新能源汽车结构原理与检修[M].北京:机械工业出版社,2019.
[5] 《电动汽车安全要求》(GB/T 18384.3—2015)[S].北京:中国标准出版社,2015.